Die ersten grundlegenden Tipps und
Tricks für angehende Hacker
Darknet – Codes - Schlupflöcher

Hacker CipherShadow

Die ersten grundlegenden Tipps und Tricks für angehende Hacker

Darknet – Codes - Schlupflöcher

Bibliografische Information der Deutschen Nationalbibliothek
Die Deutsche Nationalbibliothek verzeichnet diese Publikation in der Deutschen Nationalbibliografie; detaillierte bibliografische Daten sind im Internet über http://dnb.d-nb.de abrufbar.

ISBN 9783759714138

9,99 Euro

Vorwort

Liebe Leserinnen und Leser,

mit großer Freude präsentiere ich Ihnen mein neuestes Werk: "Die ersten grundlegenden Tipps und Tricks für Hacker: Darknet – Codes - Schlupflöcher". In diesem Buch tauchen wir ein in die faszinierende Welt des Hackings, des Darknets und der digitalen Sicherheit.

Als langjähriger Experte auf diesem Gebiet habe ich zahllose Stunden damit verbracht, die Tiefen des Darknets zu erkunden, Codes zu knacken und digitale Schlupflöcher zu finden. In diesem Buch teile ich mein Wissen und meine Erfahrungen, um Ihnen einen fundierten Einstieg in die Welt des Hackings zu ermöglichen.

Egal, ob Sie ein Neuling auf diesem Gebiet sind oder bereits Erfahrung gesammelt haben, dieses Buch bietet Ihnen die grundlegenden Tipps und Tricks, um Ihre Fähigkeiten als Hacker zu erweitern. Tauchen Sie ein in die Welt der digitalen Dunkelheit und entdecken Sie die verborgenen Geheimnisse des Darknets.

Möge dieses Buch Ihnen nicht nur Wissen vermitteln, sondern auch die Fähigkeiten und das Verständnis, um in der digitalen Welt erfolgreich zu sein.

Mit freundlichen Grüßen,

CipherShadow

Wichtigste Regel für angehende Hacker und
Spezialisten:

Lass Dich nicht verarschen! Lass Dich nicht verarschen!
Lass Dich nicht verarschen! Lass Dich nicht verarschen!
Lass Dich nicht verarschen! Lass Dich nicht verarschen!
Lass Dich nicht verarschen! Lass Dich nicht verarschen!
Lass Dich nicht verarschen! Lass Dich nicht verarschen!
Lass Dich nicht verarschen! Lass Dich nicht verarschen!
Lass Dich nicht verarschen! Lass Dich nicht verarschen!
Lass Dich nicht verarschen! Lass Dich nicht verarschen!
Lass Dich nicht verarschen! Lass Dich nicht verarschen!
Lass Dich nicht verarschen! Lass Dich nicht verarschen!
Lass Dich nicht verarschen! Lass Dich nicht verarschen!
Lass Dich nicht verarschen! Lass Dich nicht verarschen!
Lass Dich nicht verarschen! Lass Dich nicht verarschen!
Lass Dich nicht verarschen! Lass Dich nicht verarschen!
Lass Dich nicht verarschen! Lass Dich nicht verarschen!
Lass Dich nicht verarschen! Lass Dich nicht verarschen!
Lass Dich nicht verarschen! Lass Dich nicht verarschen!
Lass Dich nicht verarschen! Lass Dich nicht verarschen!
Lass Dich nicht verarschen! Lass Dich nicht verarschen!
Lass Dich nicht verarschen! Lass Dich nicht verarschen!
Lass Dich nicht verarschen! Lass Dich nicht verarschen!
Lass Dich nicht verarschen! Lass Dich nicht verarschen!
Lass Dich nicht verarschen! Lass Dich nicht verarschen!
Lass Dich nicht verarschen! Lass Dich nicht verarschen!
Lass Dich nicht verarschen! Lass Dich nicht verarschen!
Lass Dich nicht verarschen! Lass Dich nicht verarschen!
Lass Dich nicht verarschen! Lass Dich nicht verarschen!
Lass Dich nicht verarschen! Lass Dich nicht verarschen!
Lass Dich nicht verarschen! Lass Dich nicht verarschen!
Lass Dich nicht verarschen! Lass Dich nicht verarschen!
Lass Dich nicht verarschen! Lass Dich nicht verarschen!
Lass Dich nicht verarschen! Lass Dich nicht verarschen!
Lass Dich nicht verarschen! Lass Dich nicht verarschen!

Lass Dich nicht verarschen! Lass Dich nicht verarschen!
Lass Dich nicht verarschen! Lass Dich nicht verarschen!
Lass Dich nicht verarschen! Lass Dich nicht verarschen!
Lass Dich nicht verarschen! Lass Dich nicht verarschen!
Lass Dich nicht verarschen! Lass Dich nicht verarschen!
Lass Dich nicht verarschen! Lass Dich nicht verarschen!
Lass Dich nicht verarschen! Lass Dich nicht verarschen!
Lass Dich nicht verarschen! Lass Dich nicht verarschen!
Lass Dich nicht verarschen! Lass Dich nicht verarschen!
Lass Dich nicht verarschen! Lass Dich nicht verarschen!
Lass Dich nicht verarschen! Lass Dich nicht verarschen!
Lass Dich nicht verarschen! Lass Dich nicht verarschen!
Lass Dich nicht verarschen! Lass Dich nicht verarschen!
Lass Dich nicht verarschen! Lass Dich nicht verarschen!
Lass Dich nicht verarschen! Lass Dich nicht verarschen!
Lass Dich nicht verarschen! Lass Dich nicht verarschen!
Lass Dich nicht verarschen! Lass Dich nicht verarschen!
Lass Dich nicht verarschen! Lass Dich nicht verarschen!
Lass Dich nicht verarschen! Lass Dich nicht verarschen!
Lass Dich nicht verarschen! Lass Dich nicht verarschen!
Lass Dich nicht verarschen! Lass Dich nicht verarschen!
Lass Dich nicht verarschen! Lass Dich nicht verarschen!
Lass Dich nicht verarschen! Lass Dich nicht verarschen!
Lass Dich nicht verarschen! Lass Dich nicht verarschen!
Lass Dich nicht verarschen! Lass Dich nicht verarschen!
Lass Dich nicht verarschen! Lass Dich nicht verarschen!
Lass Dich nicht verarschen! Lass Dich nicht verarschen!
Lass Dich nicht verarschen! Lass Dich nicht verarschen!
Lass Dich nicht verarschen! Lass Dich nicht verarschen!
Lass Dich nicht verarschen! Lass Dich nicht verarschen!
Lass Dich nicht verarschen! Lass Dich nicht verarschen!
Lass Dich nicht verarschen! Lass Dich nicht verarschen!
Lass Dich nicht verarschen! Lass Dich nicht verarschen!
Lass Dich nicht verarschen! Lass Dich nicht verarschen!
Lass Dich nicht verarschen! Lass Dich nicht verarschen!
Lass Dich nicht verarschen! Lass Dich nicht verarschen!

Lass Dich nicht verarschen! Lass Dich nicht verarschen!
Lass Dich nicht verarschen! Lass Dich nicht verarschen!
Lass Dich nicht verarschen! Lass Dich nicht verarschen!
Lass Dich nicht verarschen! Lass Dich nicht verarschen!
Lass Dich nicht verarschen! Lass Dich nicht verarschen!
Lass Dich nicht verarschen! Lass Dich nicht verarschen!
Lass Dich nicht verarschen! Lass Dich nicht verarschen!
Lass Dich nicht verarschen! Lass Dich nicht verarschen!
Lass Dich nicht verarschen! Lass Dich nicht verarschen!
Lass Dich nicht verarschen! Lass Dich nicht verarschen!
Lass Dich nicht verarschen! Lass Dich nicht verarschen!
Lass Dich nicht verarschen! Lass Dich nicht verarschen!
Lass Dich nicht verarschen! Lass Dich nicht verarschen!
Lass Dich nicht verarschen! Lass Dich nicht verarschen!
Lass Dich nicht verarschen! Lass Dich nicht verarschen!
Lass Dich nicht verarschen! Lass Dich nicht verarschen!
Lass Dich nicht verarschen! Lass Dich nicht verarschen!
Lass Dich nicht verarschen! Lass Dich nicht verarschen!
Lass Dich nicht verarschen! Lass Dich nicht verarschen!
Lass Dich nicht verarschen! Lass Dich nicht verarschen!
Lass Dich nicht verarschen! Lass Dich nicht verarschen!
Lass Dich nicht verarschen! Lass Dich nicht verarschen!
Lass Dich nicht verarschen! Lass Dich nicht verarschen!
Lass Dich nicht verarschen! Lass Dich nicht verarschen!
Lass Dich nicht verarschen! Lass Dich nicht verarschen!
Lass Dich nicht verarschen! Lass Dich nicht verarschen!
Lass Dich nicht verarschen! Lass Dich nicht verarschen!
Lass Dich nicht verarschen! Lass Dich nicht verarschen!
Lass Dich nicht verarschen! Lass Dich nicht verarschen!
Lass Dich nicht verarschen! Lass Dich nicht verarschen!
Lass Dich nicht verarschen! Lass Dich nicht verarschen!
Lass Dich nicht verarschen! Lass Dich nicht verarschen!
Lass Dich nicht verarschen! Lass Dich nicht verarschen!
Lass Dich nicht verarschen! Lass Dich nicht verarschen!
Lass Dich nicht verarschen! Lass Dich nicht verarschen!
Lass Dich nicht verarschen! Lass Dich nicht verarschen!

Lass Dich nicht verarschen! Lass Dich nicht verarschen!
Lass Dich nicht verarschen! Lass Dich nicht verarschen!
Lass Dich nicht verarschen! Lass Dich nicht verarschen!
Lass Dich nicht verarschen! Lass Dich nicht verarschen!
Lass Dich nicht verarschen! Lass Dich nicht verarschen!
Lass Dich nicht verarschen! Lass Dich nicht verarschen!
Lass Dich nicht verarschen! Lass Dich nicht verarschen!
Lass Dich nicht verarschen! Lass Dich nicht verarschen!
Lass Dich nicht verarschen! Lass Dich nicht verarschen!
Lass Dich nicht verarschen! Lass Dich nicht verarschen!
Lass Dich nicht verarschen! Lass Dich nicht verarschen!
Lass Dich nicht verarschen! Lass Dich nicht verarschen!
Lass Dich nicht verarschen! Lass Dich nicht verarschen!
Lass Dich nicht verarschen! Lass Dich nicht verarschen!
Lass Dich nicht verarschen! Lass Dich nicht verarschen!
Lass Dich nicht verarschen! Lass Dich nicht verarschen!
Lass Dich nicht verarschen! Lass Dich nicht verarschen!
Lass Dich nicht verarschen! Lass Dich nicht verarschen!
Lass Dich nicht verarschen! Lass Dich nicht verarschen!
Lass Dich nicht verarschen! Lass Dich nicht verarschen!
Lass Dich nicht verarschen! Lass Dich nicht verarschen!
Lass Dich nicht verarschen! Lass Dich nicht verarschen!
Lass Dich nicht verarschen! Lass Dich nicht verarschen!
Lass Dich nicht verarschen! Lass Dich nicht verarschen!
Lass Dich nicht verarschen! Lass Dich nicht verarschen!
Lass Dich nicht verarschen! Lass Dich nicht verarschen!
Lass Dich nicht verarschen! Lass Dich nicht verarschen!
Lass Dich nicht verarschen! Lass Dich nicht verarschen!
Lass Dich nicht verarschen! Lass Dich nicht verarschen!
Lass Dich nicht verarschen! Lass Dich nicht verarschen!
Lass Dich nicht verarschen! Lass Dich nicht verarschen!
Lass Dich nicht verarschen! Lass Dich nicht verarschen!
Lass Dich nicht verarschen! Lass Dich nicht verarschen!
Lass Dich nicht verarschen! Lass Dich nicht verarschen!
Lass Dich nicht verarschen! Lass Dich nicht verarschen!
Lass Dich nicht verarschen! Lass Dich nicht verarschen!
Lass Dich nicht verarschen! Lass Dich nicht verarschen!

Lass Dich nicht verarschen! Lass Dich nicht verarschen!
Lass Dich nicht verarschen! Lass Dich nicht verarschen!
Lass Dich nicht verarschen! Lass Dich nicht verarschen!
Lass Dich nicht verarschen! Lass Dich nicht verarschen!
Lass Dich nicht verarschen! Lass Dich nicht verarschen!
Lass Dich nicht verarschen! Lass Dich nicht verarschen!
Lass Dich nicht verarschen! Lass Dich nicht verarschen!
Lass Dich nicht verarschen! Lass Dich nicht verarschen!
Lass Dich nicht verarschen! Lass Dich nicht verarschen!
Lass Dich nicht verarschen! Lass Dich nicht verarschen!
Lass Dich nicht verarschen! Lass Dich nicht verarschen!
Lass Dich nicht verarschen! Lass Dich nicht verarschen!
Lass Dich nicht verarschen! Lass Dich nicht verarschen!
Lass Dich nicht verarschen! Lass Dich nicht verarschen!
Lass Dich nicht verarschen! Lass Dich nicht verarschen!
Lass Dich nicht verarschen! Lass Dich nicht verarschen!
Lass Dich nicht verarschen! Lass Dich nicht verarschen!
Lass Dich nicht verarschen! Lass Dich nicht verarschen!
Lass Dich nicht verarschen! Lass Dich nicht verarschen!
Lass Dich nicht verarschen! Lass Dich nicht verarschen!
Lass Dich nicht verarschen! Lass Dich nicht verarschen!
Lass Dich nicht verarschen! Lass Dich nicht verarschen!
Lass Dich nicht verarschen! Lass Dich nicht verarschen!
Lass Dich nicht verarschen! Lass Dich nicht verarschen!
Lass Dich nicht verarschen! Lass Dich nicht verarschen!
Lass Dich nicht verarschen! Lass Dich nicht verarschen!
Lass Dich nicht verarschen! Lass Dich nicht verarschen!
Lass Dich nicht verarschen! Lass Dich nicht verarschen!
Lass Dich nicht verarschen! Lass Dich nicht verarschen!
Lass Dich nicht verarschen! Lass Dich nicht verarschen!
Lass Dich nicht verarschen! Lass Dich nicht verarschen!
Lass Dich nicht verarschen! Lass Dich nicht verarschen!
Lass Dich nicht verarschen! Lass Dich nicht verarschen!
Lass Dich nicht verarschen! Lass Dich nicht verarschen!
Lass Dich nicht verarschen! Lass Dich nicht verarschen!
Lass Dich nicht verarschen! Lass Dich nicht verarschen!
Lass Dich nicht verarschen! Lass Dich nicht verarschen!

Lass Dich nicht verarschen! Lass Dich nicht verarschen!
Lass Dich nicht verarschen! Lass Dich nicht verarschen!
Lass Dich nicht verarschen! Lass Dich nicht verarschen!
Lass Dich nicht verarschen! Lass Dich nicht verarschen!
Lass Dich nicht verarschen! Lass Dich nicht verarschen!
Lass Dich nicht verarschen! Lass Dich nicht verarschen!
Lass Dich nicht verarschen! Lass Dich nicht verarschen!
Lass Dich nicht verarschen! Lass Dich nicht verarschen!
Lass Dich nicht verarschen! Lass Dich nicht verarschen!
Lass Dich nicht verarschen! Lass Dich nicht verarschen!
Lass Dich nicht verarschen! Lass Dich nicht verarschen!
Lass Dich nicht verarschen! Lass Dich nicht verarschen!
Lass Dich nicht verarschen! Lass Dich nicht verarschen!
Lass Dich nicht verarschen! Lass Dich nicht verarschen!
Lass Dich nicht verarschen! Lass Dich nicht verarschen!
Lass Dich nicht verarschen! Lass Dich nicht verarschen!
Lass Dich nicht verarschen! Lass Dich nicht verarschen!
Lass Dich nicht verarschen! Lass Dich nicht verarschen!
Lass Dich nicht verarschen! Lass Dich nicht verarschen!
Lass Dich nicht verarschen! Lass Dich nicht verarschen!
Lass Dich nicht verarschen! Lass Dich nicht verarschen!
Lass Dich nicht verarschen! Lass Dich nicht verarschen!
Lass Dich nicht verarschen! Lass Dich nicht verarschen!
Lass Dich nicht verarschen! Lass Dich nicht verarschen!
Lass Dich nicht verarschen! Lass Dich nicht verarschen!
Lass Dich nicht verarschen! Lass Dich nicht verarschen!
Lass Dich nicht verarschen! Lass Dich nicht verarschen!
Lass Dich nicht verarschen! Lass Dich nicht verarschen!
Lass Dich nicht verarschen! Lass Dich nicht verarschen!
Lass Dich nicht verarschen! Lass Dich nicht verarschen!
Lass Dich nicht verarschen! Lass Dich nicht verarschen!
Lass Dich nicht verarschen! Lass Dich nicht verarschen!
Lass Dich nicht verarschen! Lass Dich nicht verarschen!
Lass Dich nicht verarschen! Lass Dich nicht verarschen!
Lass Dich nicht verarschen! Lass Dich nicht verarschen!
Lass Dich nicht verarschen! Lass Dich nicht verarschen!
Lass Dich nicht verarschen! Lass Dich nicht verarschen!
Lass Dich nicht verarschen! Lass Dich nicht verarschen!
Lass Dich nicht verarschen! Lass Dich nicht verarschen!

Lass Dich nicht verarschen! Lass Dich nicht verarschen!
Lass Dich nicht verarschen! Lass Dich nicht verarschen!
Lass Dich nicht verarschen! Lass Dich nicht verarschen!
Lass Dich nicht verarschen! Lass Dich nicht verarschen!
Lass Dich nicht verarschen! Lass Dich nicht verarschen!
Lass Dich nicht verarschen! Lass Dich nicht verarschen!
Lass Dich nicht verarschen! Lass Dich nicht verarschen!
Lass Dich nicht verarschen! Lass Dich nicht verarschen!
Lass Dich nicht verarschen! Lass Dich nicht verarschen!
Lass Dich nicht verarschen! Lass Dich nicht verarschen!
Lass Dich nicht verarschen! Lass Dich nicht verarschen!
Lass Dich nicht verarschen! Lass Dich nicht verarschen!
Lass Dich nicht verarschen! Lass Dich nicht verarschen!
Lass Dich nicht verarschen! Lass Dich nicht verarschen!
Lass Dich nicht verarschen! Lass Dich nicht verarschen!
Lass Dich nicht verarschen! Lass Dich nicht verarschen!
Lass Dich nicht verarschen! Lass Dich nicht verarschen!
Lass Dich nicht verarschen! Lass Dich nicht verarschen!
Lass Dich nicht verarschen! Lass Dich nicht verarschen!
Lass Dich nicht verarschen! Lass Dich nicht verarschen!
Lass Dich nicht verarschen! Lass Dich nicht verarschen!
Lass Dich nicht verarschen! Lass Dich nicht verarschen!
Lass Dich nicht verarschen! Lass Dich nicht verarschen!
Lass Dich nicht verarschen! Lass Dich nicht verarschen!
Lass Dich nicht verarschen! Lass Dich nicht verarschen!
Lass Dich nicht verarschen! Lass Dich nicht verarschen!
Lass Dich nicht verarschen! Lass Dich nicht verarschen!
Lass Dich nicht verarschen! Lass Dich nicht verarschen!
Lass Dich nicht verarschen! Lass Dich nicht verarschen!
Lass Dich nicht verarschen! Lass Dich nicht verarschen!
Lass Dich nicht verarschen! Lass Dich nicht verarschen!
Lass Dich nicht verarschen! Lass Dich nicht verarschen!
Lass Dich nicht verarschen! Lass Dich nicht verarschen!
Lass Dich nicht verarschen! Lass Dich nicht verarschen!
Lass Dich nicht verarschen! Lass Dich nicht verarschen!
Lass Dich nicht verarschen! Lass Dich nicht verarschen!

Lass Dich nicht verarschen! Lass Dich nicht verarschen!
Lass Dich nicht verarschen! Lass Dich nicht verarschen!
Lass Dich nicht verarschen! Lass Dich nicht verarschen!
Lass Dich nicht verarschen! Lass Dich nicht verarschen!
Lass Dich nicht verarschen! Lass Dich nicht verarschen!
Lass Dich nicht verarschen! Lass Dich nicht verarschen!
Lass Dich nicht verarschen! Lass Dich nicht verarschen!
Lass Dich nicht verarschen! Lass Dich nicht verarschen!
Lass Dich nicht verarschen! Lass Dich nicht verarschen!
Lass Dich nicht verarschen! Lass Dich nicht verarschen!
Lass Dich nicht verarschen! Lass Dich nicht verarschen!
Lass Dich nicht verarschen! Lass Dich nicht verarschen!
Lass Dich nicht verarschen! Lass Dich nicht verarschen!
Lass Dich nicht verarschen! Lass Dich nicht verarschen!
Lass Dich nicht verarschen! Lass Dich nicht verarschen!
Lass Dich nicht verarschen! Lass Dich nicht verarschen!
Lass Dich nicht verarschen! Lass Dich nicht verarschen!
Lass Dich nicht verarschen! Lass Dich nicht verarschen!
Lass Dich nicht verarschen! Lass Dich nicht verarschen!
Lass Dich nicht verarschen! Lass Dich nicht verarschen!
Lass Dich nicht verarschen! Lass Dich nicht verarschen!
Lass Dich nicht verarschen! Lass Dich nicht verarschen!
Lass Dich nicht verarschen! Lass Dich nicht verarschen!
Lass Dich nicht verarschen! Lass Dich nicht verarschen!
Lass Dich nicht verarschen! Lass Dich nicht verarschen!
Lass Dich nicht verarschen! Lass Dich nicht verarschen!
Lass Dich nicht verarschen! Lass Dich nicht verarschen!
Lass Dich nicht verarschen! Lass Dich nicht verarschen!
Lass Dich nicht verarschen! Lass Dich nicht verarschen!
Lass Dich nicht verarschen! Lass Dich nicht verarschen!
Lass Dich nicht verarschen! Lass Dich nicht verarschen!
Lass Dich nicht verarschen! Lass Dich nicht verarschen!
Lass Dich nicht verarschen! Lass Dich nicht verarschen!
Lass Dich nicht verarschen! Lass Dich nicht verarschen!
Lass Dich nicht verarschen! Lass Dich nicht verarschen!
Lass Dich nicht verarschen! Lass Dich nicht verarschen!
Lass Dich nicht verarschen! Lass Dich nicht verarschen!
Lass Dich nicht verarschen! Lass Dich nicht verarschen!

Lass Dich nicht verarschen! Lass Dich nicht verarschen!
Lass Dich nicht verarschen! Lass Dich nicht verarschen!
Lass Dich nicht verarschen! Lass Dich nicht verarschen!
Lass Dich nicht verarschen! Lass Dich nicht verarschen!
Lass Dich nicht verarschen! Lass Dich nicht verarschen!
Lass Dich nicht verarschen! Lass Dich nicht verarschen!
Lass Dich nicht verarschen! Lass Dich nicht verarschen!
Lass Dich nicht verarschen! Lass Dich nicht verarschen!
Lass Dich nicht verarschen! Lass Dich nicht verarschen!
Lass Dich nicht verarschen! Lass Dich nicht verarschen!
Lass Dich nicht verarschen! Lass Dich nicht verarschen!
Lass Dich nicht verarschen! Lass Dich nicht verarschen!
Lass Dich nicht verarschen! Lass Dich nicht verarschen!
Lass Dich nicht verarschen! Lass Dich nicht verarschen!
Lass Dich nicht verarschen! Lass Dich nicht verarschen!
Lass Dich nicht verarschen! Lass Dich nicht verarschen!
Lass Dich nicht verarschen! Lass Dich nicht verarschen!
Lass Dich nicht verarschen! Lass Dich nicht verarschen!
Lass Dich nicht verarschen! Lass Dich nicht verarschen!
Lass Dich nicht verarschen! Lass Dich nicht verarschen!
Lass Dich nicht verarschen! Lass Dich nicht verarschen!
Lass Dich nicht verarschen! Lass Dich nicht verarschen!
Lass Dich nicht verarschen! Lass Dich nicht verarschen!
Lass Dich nicht verarschen! Lass Dich nicht verarschen!
Lass Dich nicht verarschen! Lass Dich nicht verarschen!
Lass Dich nicht verarschen! Lass Dich nicht verarschen!
Lass Dich nicht verarschen! Lass Dich nicht verarschen!
Lass Dich nicht verarschen! Lass Dich nicht verarschen!
Lass Dich nicht verarschen! Lass Dich nicht verarschen!
Lass Dich nicht verarschen! Lass Dich nicht verarschen!
Lass Dich nicht verarschen! Lass Dich nicht verarschen!
Lass Dich nicht verarschen! Lass Dich nicht verarschen!
Lass Dich nicht verarschen! Lass Dich nicht verarschen!
Lass Dich nicht verarschen! Lass Dich nicht verarschen!
Lass Dich nicht verarschen! Lass Dich nicht verarschen!
Lass Dich nicht verarschen! Lass Dich nicht verarschen!

Lass Dich nicht verarschen! Lass Dich nicht verarschen!
Lass Dich nicht verarschen! Lass Dich nicht verarschen!
Lass Dich nicht verarschen! Lass Dich nicht verarschen!
Lass Dich nicht verarschen! Lass Dich nicht verarschen!
Lass Dich nicht verarschen! Lass Dich nicht verarschen!
Lass Dich nicht verarschen! Lass Dich nicht verarschen!
Lass Dich nicht verarschen! Lass Dich nicht verarschen!
Lass Dich nicht verarschen! Lass Dich nicht verarschen!
Lass Dich nicht verarschen! Lass Dich nicht verarschen!
Lass Dich nicht verarschen! Lass Dich nicht verarschen!
Lass Dich nicht verarschen! Lass Dich nicht verarschen!
Lass Dich nicht verarschen! Lass Dich nicht verarschen!
Lass Dich nicht verarschen! Lass Dich nicht verarschen!
Lass Dich nicht verarschen! Lass Dich nicht verarschen!
Lass Dich nicht verarschen! Lass Dich nicht verarschen!
Lass Dich nicht verarschen! Lass Dich nicht verarschen!
Lass Dich nicht verarschen! Lass Dich nicht verarschen!
Lass Dich nicht verarschen! Lass Dich nicht verarschen!
Lass Dich nicht verarschen! Lass Dich nicht verarschen!
Lass Dich nicht verarschen! Lass Dich nicht verarschen!
Lass Dich nicht verarschen! Lass Dich nicht verarschen!
Lass Dich nicht verarschen! Lass Dich nicht verarschen!
Lass Dich nicht verarschen! Lass Dich nicht verarschen!
Lass Dich nicht verarschen! Lass Dich nicht verarschen!
Lass Dich nicht verarschen! Lass Dich nicht verarschen!
Lass Dich nicht verarschen! Lass Dich nicht verarschen!
Lass Dich nicht verarschen! Lass Dich nicht verarschen!
Lass Dich nicht verarschen! Lass Dich nicht verarschen!
Lass Dich nicht verarschen! Lass Dich nicht verarschen!
Lass Dich nicht verarschen! Lass Dich nicht verarschen!
Lass Dich nicht verarschen! Lass Dich nicht verarschen!
Lass Dich nicht verarschen! Lass Dich nicht verarschen!
Lass Dich nicht verarschen! Lass Dich nicht verarschen!
Lass Dich nicht verarschen! Lass Dich nicht verarschen!
Lass Dich nicht verarschen! Lass Dich nicht verarschen!
Lass Dich nicht verarschen! Lass Dich nicht verarschen!

Lass Dich nicht verarschen! Lass Dich nicht verarschen!
Lass Dich nicht verarschen! Lass Dich nicht verarschen!
Lass Dich nicht verarschen! Lass Dich nicht verarschen!
Lass Dich nicht verarschen! Lass Dich nicht verarschen!
Lass Dich nicht verarschen! Lass Dich nicht verarschen!
Lass Dich nicht verarschen! Lass Dich nicht verarschen!
Lass Dich nicht verarschen! Lass Dich nicht verarschen!
Lass Dich nicht verarschen! Lass Dich nicht verarschen!
Lass Dich nicht verarschen! Lass Dich nicht verarschen!
Lass Dich nicht verarschen! Lass Dich nicht verarschen!
Lass Dich nicht verarschen! Lass Dich nicht verarschen!
Lass Dich nicht verarschen! Lass Dich nicht verarschen!
Lass Dich nicht verarschen! Lass Dich nicht verarschen!
Lass Dich nicht verarschen! Lass Dich nicht verarschen!
Lass Dich nicht verarschen! Lass Dich nicht verarschen!
Lass Dich nicht verarschen! Lass Dich nicht verarschen!
Lass Dich nicht verarschen! Lass Dich nicht verarschen!
Lass Dich nicht verarschen! Lass Dich nicht verarschen!
Lass Dich nicht verarschen! Lass Dich nicht verarschen!
Lass Dich nicht verarschen! Lass Dich nicht verarschen!
Lass Dich nicht verarschen! Lass Dich nicht verarschen!
Lass Dich nicht verarschen! Lass Dich nicht verarschen!
Lass Dich nicht verarschen! Lass Dich nicht verarschen!
Lass Dich nicht verarschen! Lass Dich nicht verarschen!
Lass Dich nicht verarschen! Lass Dich nicht verarschen!
Lass Dich nicht verarschen! Lass Dich nicht verarschen!
Lass Dich nicht verarschen! Lass Dich nicht verarschen!
Lass Dich nicht verarschen! Lass Dich nicht verarschen!
Lass Dich nicht verarschen! Lass Dich nicht verarschen!
Lass Dich nicht verarschen! Lass Dich nicht verarschen!
Lass Dich nicht verarschen! Lass Dich nicht verarschen!
Lass Dich nicht verarschen! Lass Dich nicht verarschen!
Lass Dich nicht verarschen! Lass Dich nicht verarschen!
Lass Dich nicht verarschen! Lass Dich nicht verarschen!
Lass Dich nicht verarschen! Lass Dich nicht verarschen!
Lass Dich nicht verarschen! Lass Dich nicht verarschen!

Lass Dich nicht verarschen! Lass Dich nicht verarschen!
Lass Dich nicht verarschen! Lass Dich nicht verarschen!
Lass Dich nicht verarschen! Lass Dich nicht verarschen!
Lass Dich nicht verarschen! Lass Dich nicht verarschen!
Lass Dich nicht verarschen! Lass Dich nicht verarschen!
Lass Dich nicht verarschen! Lass Dich nicht verarschen!
Lass Dich nicht verarschen! Lass Dich nicht verarschen!
Lass Dich nicht verarschen! Lass Dich nicht verarschen!
Lass Dich nicht verarschen! Lass Dich nicht verarschen!
Lass Dich nicht verarschen! Lass Dich nicht verarschen!
Lass Dich nicht verarschen! Lass Dich nicht verarschen!
Lass Dich nicht verarschen! Lass Dich nicht verarschen!
Lass Dich nicht verarschen! Lass Dich nicht verarschen!
Lass Dich nicht verarschen! Lass Dich nicht verarschen!
Lass Dich nicht verarschen! Lass Dich nicht verarschen!
Lass Dich nicht verarschen! Lass Dich nicht verarschen!
Lass Dich nicht verarschen! Lass Dich nicht verarschen!
Lass Dich nicht verarschen! Lass Dich nicht verarschen!
Lass Dich nicht verarschen! Lass Dich nicht verarschen!
Lass Dich nicht verarschen! Lass Dich nicht verarschen!
Lass Dich nicht verarschen! Lass Dich nicht verarschen!
Lass Dich nicht verarschen! Lass Dich nicht verarschen!
Lass Dich nicht verarschen! Lass Dich nicht verarschen!
Lass Dich nicht verarschen! Lass Dich nicht verarschen!
Lass Dich nicht verarschen! Lass Dich nicht verarschen!
Lass Dich nicht verarschen! Lass Dich nicht verarschen!
Lass Dich nicht verarschen! Lass Dich nicht verarschen!
Lass Dich nicht verarschen! Lass Dich nicht verarschen!
Lass Dich nicht verarschen! Lass Dich nicht verarschen!
Lass Dich nicht verarschen! Lass Dich nicht verarschen!
Lass Dich nicht verarschen! Lass Dich nicht verarschen!
Lass Dich nicht verarschen! Lass Dich nicht verarschen!
Lass Dich nicht verarschen! Lass Dich nicht verarschen!
Lass Dich nicht verarschen! Lass Dich nicht verarschen!
Lass Dich nicht verarschen! Lass Dich nicht verarschen!
Lass Dich nicht verarschen! Lass Dich nicht verarschen!
Lass Dich nicht verarschen! Lass Dich nicht verarschen!
Lass Dich nicht verarschen! Lass Dich nicht verarschen!

Lass Dich nicht verarschen! Lass Dich nicht verarschen!
Lass Dich nicht verarschen! Lass Dich nicht verarschen!
Lass Dich nicht verarschen! Lass Dich nicht verarschen!
Lass Dich nicht verarschen! Lass Dich nicht verarschen!
Lass Dich nicht verarschen! Lass Dich nicht verarschen!
Lass Dich nicht verarschen! Lass Dich nicht verarschen!
Lass Dich nicht verarschen! Lass Dich nicht verarschen!
Lass Dich nicht verarschen! Lass Dich nicht verarschen!
Lass Dich nicht verarschen! Lass Dich nicht verarschen!
Lass Dich nicht verarschen! Lass Dich nicht verarschen!
Lass Dich nicht verarschen! Lass Dich nicht verarschen!
Lass Dich nicht verarschen! Lass Dich nicht verarschen!
Lass Dich nicht verarschen! Lass Dich nicht verarschen!
Lass Dich nicht verarschen! Lass Dich nicht verarschen!
Lass Dich nicht verarschen! Lass Dich nicht verarschen!
Lass Dich nicht verarschen! Lass Dich nicht verarschen!
Lass Dich nicht verarschen! Lass Dich nicht verarschen!
Lass Dich nicht verarschen! Lass Dich nicht verarschen!
Lass Dich nicht verarschen! Lass Dich nicht verarschen!
Lass Dich nicht verarschen! Lass Dich nicht verarschen!
Lass Dich nicht verarschen! Lass Dich nicht verarschen!
Lass Dich nicht verarschen! Lass Dich nicht verarschen!
Lass Dich nicht verarschen! Lass Dich nicht verarschen!
Lass Dich nicht verarschen! Lass Dich nicht verarschen!
Lass Dich nicht verarschen! Lass Dich nicht verarschen!
Lass Dich nicht verarschen! Lass Dich nicht verarschen!
Lass Dich nicht verarschen! Lass Dich nicht verarschen!
Lass Dich nicht verarschen! Lass Dich nicht verarschen!
Lass Dich nicht verarschen! Lass Dich nicht verarschen!
Lass Dich nicht verarschen! Lass Dich nicht verarschen!
Lass Dich nicht verarschen! Lass Dich nicht verarschen!
Lass Dich nicht verarschen! Lass Dich nicht verarschen!
Lass Dich nicht verarschen! Lass Dich nicht verarschen!
Lass Dich nicht verarschen! Lass Dich nicht verarschen!
Lass Dich nicht verarschen! Lass Dich nicht verarschen!
Lass Dich nicht verarschen! Lass Dich nicht verarschen!
Lass Dich nicht verarschen! Lass Dich nicht verarschen!

Lass Dich nicht verarschen! Lass Dich nicht verarschen!
Lass Dich nicht verarschen! Lass Dich nicht verarschen!
Lass Dich nicht verarschen! Lass Dich nicht verarschen!
Lass Dich nicht verarschen! Lass Dich nicht verarschen!
Lass Dich nicht verarschen! Lass Dich nicht verarschen!
Lass Dich nicht verarschen! Lass Dich nicht verarschen!
Lass Dich nicht verarschen! Lass Dich nicht verarschen!
Lass Dich nicht verarschen! Lass Dich nicht verarschen!
Lass Dich nicht verarschen! Lass Dich nicht verarschen!
Lass Dich nicht verarschen! Lass Dich nicht verarschen!
Lass Dich nicht verarschen! Lass Dich nicht verarschen!
Lass Dich nicht verarschen! Lass Dich nicht verarschen!
Lass Dich nicht verarschen! Lass Dich nicht verarschen!
Lass Dich nicht verarschen! Lass Dich nicht verarschen!
Lass Dich nicht verarschen! Lass Dich nicht verarschen!
Lass Dich nicht verarschen! Lass Dich nicht verarschen!
Lass Dich nicht verarschen! Lass Dich nicht verarschen!
Lass Dich nicht verarschen! Lass Dich nicht verarschen!
Lass Dich nicht verarschen! Lass Dich nicht verarschen!
Lass Dich nicht verarschen! Lass Dich nicht verarschen!
Lass Dich nicht verarschen! Lass Dich nicht verarschen!
Lass Dich nicht verarschen! Lass Dich nicht verarschen!
Lass Dich nicht verarschen! Lass Dich nicht verarschen!
Lass Dich nicht verarschen! Lass Dich nicht verarschen!
Lass Dich nicht verarschen! Lass Dich nicht verarschen!
Lass Dich nicht verarschen! Lass Dich nicht verarschen!
Lass Dich nicht verarschen! Lass Dich nicht verarschen!
Lass Dich nicht verarschen! Lass Dich nicht verarschen!
Lass Dich nicht verarschen! Lass Dich nicht verarschen!
Lass Dich nicht verarschen! Lass Dich nicht verarschen!
Lass Dich nicht verarschen! Lass Dich nicht verarschen!
Lass Dich nicht verarschen! Lass Dich nicht verarschen!
Lass Dich nicht verarschen! Lass Dich nicht verarschen!
Lass Dich nicht verarschen! Lass Dich nicht verarschen!
Lass Dich nicht verarschen! Lass Dich nicht verarschen!

Lass Dich nicht verarschen! Lass Dich nicht verarschen!
Lass Dich nicht verarschen! Lass Dich nicht verarschen!
Lass Dich nicht verarschen! Lass Dich nicht verarschen!
Lass Dich nicht verarschen! Lass Dich nicht verarschen!
Lass Dich nicht verarschen! Lass Dich nicht verarschen!
Lass Dich nicht verarschen! Lass Dich nicht verarschen!
Lass Dich nicht verarschen! Lass Dich nicht verarschen!
Lass Dich nicht verarschen! Lass Dich nicht verarschen!
Lass Dich nicht verarschen! Lass Dich nicht verarschen!
Lass Dich nicht verarschen! Lass Dich nicht verarschen!
Lass Dich nicht verarschen! Lass Dich nicht verarschen!
Lass Dich nicht verarschen! Lass Dich nicht verarschen!
Lass Dich nicht verarschen! Lass Dich nicht verarschen!
Lass Dich nicht verarschen! Lass Dich nicht verarschen!
Lass Dich nicht verarschen! Lass Dich nicht verarschen!
Lass Dich nicht verarschen! Lass Dich nicht verarschen!
Lass Dich nicht verarschen! Lass Dich nicht verarschen!
Lass Dich nicht verarschen! Lass Dich nicht verarschen!
Lass Dich nicht verarschen! Lass Dich nicht verarschen!
Lass Dich nicht verarschen! Lass Dich nicht verarschen!
Lass Dich nicht verarschen! Lass Dich nicht verarschen!
Lass Dich nicht verarschen! Lass Dich nicht verarschen!
Lass Dich nicht verarschen! Lass Dich nicht verarschen!
Lass Dich nicht verarschen! Lass Dich nicht verarschen!
Lass Dich nicht verarschen! Lass Dich nicht verarschen!
Lass Dich nicht verarschen! Lass Dich nicht verarschen!
Lass Dich nicht verarschen! Lass Dich nicht verarschen!
Lass Dich nicht verarschen! Lass Dich nicht verarschen!
Lass Dich nicht verarschen! Lass Dich nicht verarschen!
Lass Dich nicht verarschen! Lass Dich nicht verarschen!
Lass Dich nicht verarschen! Lass Dich nicht verarschen!
Lass Dich nicht verarschen! Lass Dich nicht verarschen!
Lass Dich nicht verarschen! Lass Dich nicht verarschen!
Lass Dich nicht verarschen! Lass Dich nicht verarschen!
Lass Dich nicht verarschen! Lass Dich nicht verarschen!
Lass Dich nicht verarschen! Lass Dich nicht verarschen!

Lass Dich nicht verarschen! Lass Dich nicht verarschen!
Lass Dich nicht verarschen! Lass Dich nicht verarschen!
Lass Dich nicht verarschen! Lass Dich nicht verarschen!
Lass Dich nicht verarschen! Lass Dich nicht verarschen!
Lass Dich nicht verarschen! Lass Dich nicht verarschen!
Lass Dich nicht verarschen! Lass Dich nicht verarschen!
Lass Dich nicht verarschen! Lass Dich nicht verarschen!
Lass Dich nicht verarschen! Lass Dich nicht verarschen!
Lass Dich nicht verarschen! Lass Dich nicht verarschen!
Lass Dich nicht verarschen! Lass Dich nicht verarschen!
Lass Dich nicht verarschen! Lass Dich nicht verarschen!
Lass Dich nicht verarschen! Lass Dich nicht verarschen!
Lass Dich nicht verarschen! Lass Dich nicht verarschen!
Lass Dich nicht verarschen! Lass Dich nicht verarschen!
Lass Dich nicht verarschen! Lass Dich nicht verarschen!
Lass Dich nicht verarschen! Lass Dich nicht verarschen!
Lass Dich nicht verarschen! Lass Dich nicht verarschen!
Lass Dich nicht verarschen! Lass Dich nicht verarschen!
Lass Dich nicht verarschen! Lass Dich nicht verarschen!
Lass Dich nicht verarschen! Lass Dich nicht verarschen!
Lass Dich nicht verarschen! Lass Dich nicht verarschen!
Lass Dich nicht verarschen! Lass Dich nicht verarschen!
Lass Dich nicht verarschen! Lass Dich nicht verarschen!
Lass Dich nicht verarschen! Lass Dich nicht verarschen!
Lass Dich nicht verarschen! Lass Dich nicht verarschen!
Lass Dich nicht verarschen! Lass Dich nicht verarschen!
Lass Dich nicht verarschen! Lass Dich nicht verarschen!
Lass Dich nicht verarschen! Lass Dich nicht verarschen!
Lass Dich nicht verarschen! Lass Dich nicht verarschen!
Lass Dich nicht verarschen! Lass Dich nicht verarschen!
Lass Dich nicht verarschen! Lass Dich nicht verarschen!
Lass Dich nicht verarschen! Lass Dich nicht verarschen!
Lass Dich nicht verarschen! Lass Dich nicht verarschen!
Lass Dich nicht verarschen! Lass Dich nicht verarschen!

Lass Dich nicht verarschen! Lass Dich nicht verarschen!
Lass Dich nicht verarschen! Lass Dich nicht verarschen!
Lass Dich nicht verarschen! Lass Dich nicht verarschen!
Lass Dich nicht verarschen! Lass Dich nicht verarschen!
Lass Dich nicht verarschen! Lass Dich nicht verarschen!
Lass Dich nicht verarschen! Lass Dich nicht verarschen!
Lass Dich nicht verarschen! Lass Dich nicht verarschen!
Lass Dich nicht verarschen! Lass Dich nicht verarschen!
Lass Dich nicht verarschen! Lass Dich nicht verarschen!
Lass Dich nicht verarschen! Lass Dich nicht verarschen!
Lass Dich nicht verarschen! Lass Dich nicht verarschen!
Lass Dich nicht verarschen! Lass Dich nicht verarschen!
Lass Dich nicht verarschen! Lass Dich nicht verarschen!
Lass Dich nicht verarschen! Lass Dich nicht verarschen!
Lass Dich nicht verarschen! Lass Dich nicht verarschen!
Lass Dich nicht verarschen! Lass Dich nicht verarschen!
Lass Dich nicht verarschen! Lass Dich nicht verarschen!
Lass Dich nicht verarschen! Lass Dich nicht verarschen!
Lass Dich nicht verarschen! Lass Dich nicht verarschen!
Lass Dich nicht verarschen! Lass Dich nicht verarschen!
Lass Dich nicht verarschen! Lass Dich nicht verarschen!
Lass Dich nicht verarschen! Lass Dich nicht verarschen!
Lass Dich nicht verarschen! Lass Dich nicht verarschen!
Lass Dich nicht verarschen! Lass Dich nicht verarschen!
Lass Dich nicht verarschen! Lass Dich nicht verarschen!
Lass Dich nicht verarschen! Lass Dich nicht verarschen!
Lass Dich nicht verarschen! Lass Dich nicht verarschen!
Lass Dich nicht verarschen! Lass Dich nicht verarschen!
Lass Dich nicht verarschen! Lass Dich nicht verarschen!
Lass Dich nicht verarschen! Lass Dich nicht verarschen!
Lass Dich nicht verarschen! Lass Dich nicht verarschen!
Lass Dich nicht verarschen! Lass Dich nicht verarschen!
Lass Dich nicht verarschen! Lass Dich nicht verarschen!
Lass Dich nicht verarschen! Lass Dich nicht verarschen!
Lass Dich nicht verarschen! Lass Dich nicht verarschen!

Lass Dich nicht verarschen! Lass Dich nicht verarschen!
Lass Dich nicht verarschen! Lass Dich nicht verarschen!
Lass Dich nicht verarschen! Lass Dich nicht verarschen!
Lass Dich nicht verarschen! Lass Dich nicht verarschen!
Lass Dich nicht verarschen! Lass Dich nicht verarschen!
Lass Dich nicht verarschen! Lass Dich nicht verarschen!
Lass Dich nicht verarschen! Lass Dich nicht verarschen!
Lass Dich nicht verarschen! Lass Dich nicht verarschen!
Lass Dich nicht verarschen! Lass Dich nicht verarschen!
Lass Dich nicht verarschen! Lass Dich nicht verarschen!
Lass Dich nicht verarschen! Lass Dich nicht verarschen!
Lass Dich nicht verarschen! Lass Dich nicht verarschen!
Lass Dich nicht verarschen! Lass Dich nicht verarschen!
Lass Dich nicht verarschen! Lass Dich nicht verarschen!
Lass Dich nicht verarschen! Lass Dich nicht verarschen!
Lass Dich nicht verarschen! Lass Dich nicht verarschen!
Lass Dich nicht verarschen! Lass Dich nicht verarschen!
Lass Dich nicht verarschen! Lass Dich nicht verarschen!
Lass Dich nicht verarschen! Lass Dich nicht verarschen!
Lass Dich nicht verarschen! Lass Dich nicht verarschen!
Lass Dich nicht verarschen! Lass Dich nicht verarschen!
Lass Dich nicht verarschen! Lass Dich nicht verarschen!
Lass Dich nicht verarschen! Lass Dich nicht verarschen!
Lass Dich nicht verarschen! Lass Dich nicht verarschen!
Lass Dich nicht verarschen! Lass Dich nicht verarschen!
Lass Dich nicht verarschen! Lass Dich nicht verarschen!
Lass Dich nicht verarschen! Lass Dich nicht verarschen!
Lass Dich nicht verarschen! Lass Dich nicht verarschen!
Lass Dich nicht verarschen! Lass Dich nicht verarschen!
Lass Dich nicht verarschen! Lass Dich nicht verarschen!
Lass Dich nicht verarschen! Lass Dich nicht verarschen!
Lass Dich nicht verarschen! Lass Dich nicht verarschen!
Lass Dich nicht verarschen! Lass Dich nicht verarschen!
Lass Dich nicht verarschen! Lass Dich nicht verarschen!
Lass Dich nicht verarschen! Lass Dich nicht verarschen!
Lass Dich nicht verarschen! Lass Dich nicht verarschen!

Lass Dich nicht verarschen! Lass Dich nicht verarschen!
Lass Dich nicht verarschen! Lass Dich nicht verarschen!
Lass Dich nicht verarschen! Lass Dich nicht verarschen!
Lass Dich nicht verarschen! Lass Dich nicht verarschen!
Lass Dich nicht verarschen! Lass Dich nicht verarschen!
Lass Dich nicht verarschen! Lass Dich nicht verarschen!
Lass Dich nicht verarschen! Lass Dich nicht verarschen!
Lass Dich nicht verarschen! Lass Dich nicht verarschen!
Lass Dich nicht verarschen! Lass Dich nicht verarschen!
Lass Dich nicht verarschen! Lass Dich nicht verarschen!
Lass Dich nicht verarschen! Lass Dich nicht verarschen!
Lass Dich nicht verarschen! Lass Dich nicht verarschen!
Lass Dich nicht verarschen! Lass Dich nicht verarschen!
Lass Dich nicht verarschen! Lass Dich nicht verarschen!
Lass Dich nicht verarschen! Lass Dich nicht verarschen!
Lass Dich nicht verarschen! Lass Dich nicht verarschen!
Lass Dich nicht verarschen! Lass Dich nicht verarschen!
Lass Dich nicht verarschen! Lass Dich nicht verarschen!
Lass Dich nicht verarschen! Lass Dich nicht verarschen!
Lass Dich nicht verarschen! Lass Dich nicht verarschen!
Lass Dich nicht verarschen! Lass Dich nicht verarschen!
Lass Dich nicht verarschen! Lass Dich nicht verarschen!
Lass Dich nicht verarschen! Lass Dich nicht verarschen!
Lass Dich nicht verarschen! Lass Dich nicht verarschen!
Lass Dich nicht verarschen! Lass Dich nicht verarschen!
Lass Dich nicht verarschen! Lass Dich nicht verarschen!
Lass Dich nicht verarschen! Lass Dich nicht verarschen!
Lass Dich nicht verarschen! Lass Dich nicht verarschen!
Lass Dich nicht verarschen! Lass Dich nicht verarschen!
Lass Dich nicht verarschen! Lass Dich nicht verarschen!
Lass Dich nicht verarschen! Lass Dich nicht verarschen!
Lass Dich nicht verarschen! Lass Dich nicht verarschen!
Lass Dich nicht verarschen! Lass Dich nicht verarschen!
Lass Dich nicht verarschen! Lass Dich nicht verarschen!
Lass Dich nicht verarschen! Lass Dich nicht verarschen!
Lass Dich nicht verarschen! Lass Dich nicht verarschen!
Lass Dich nicht verarschen! Lass Dich nicht verarschen!
Lass Dich nicht verarschen! Lass Dich nicht verarschen!

Lass Dich nicht verarschen! Lass Dich nicht verarschen!
Lass Dich nicht verarschen! Lass Dich nicht verarschen!
Lass Dich nicht verarschen! Lass Dich nicht verarschen!
Lass Dich nicht verarschen! Lass Dich nicht verarschen!
Lass Dich nicht verarschen! Lass Dich nicht verarschen!
Lass Dich nicht verarschen! Lass Dich nicht verarschen!
Lass Dich nicht verarschen! Lass Dich nicht verarschen!
Lass Dich nicht verarschen! Lass Dich nicht verarschen!
Lass Dich nicht verarschen! Lass Dich nicht verarschen!
Lass Dich nicht verarschen! Lass Dich nicht verarschen!
Lass Dich nicht verarschen! Lass Dich nicht verarschen!
Lass Dich nicht verarschen! Lass Dich nicht verarschen!
Lass Dich nicht verarschen! Lass Dich nicht verarschen!
Lass Dich nicht verarschen! Lass Dich nicht verarschen!
Lass Dich nicht verarschen! Lass Dich nicht verarschen!
Lass Dich nicht verarschen! Lass Dich nicht verarschen!
Lass Dich nicht verarschen! Lass Dich nicht verarschen!
Lass Dich nicht verarschen! Lass Dich nicht verarschen!
Lass Dich nicht verarschen! Lass Dich nicht verarschen!
Lass Dich nicht verarschen! Lass Dich nicht verarschen!
Lass Dich nicht verarschen! Lass Dich nicht verarschen!
Lass Dich nicht verarschen! Lass Dich nicht verarschen!
Lass Dich nicht verarschen! Lass Dich nicht verarschen!
Lass Dich nicht verarschen! Lass Dich nicht verarschen!
Lass Dich nicht verarschen! Lass Dich nicht verarschen!
Lass Dich nicht verarschen! Lass Dich nicht verarschen!
Lass Dich nicht verarschen! Lass Dich nicht verarschen!
Lass Dich nicht verarschen! Lass Dich nicht verarschen!
Lass Dich nicht verarschen! Lass Dich nicht verarschen!
Lass Dich nicht verarschen! Lass Dich nicht verarschen!
Lass Dich nicht verarschen! Lass Dich nicht verarschen!
Lass Dich nicht verarschen! Lass Dich nicht verarschen!
Lass Dich nicht verarschen! Lass Dich nicht verarschen!
Lass Dich nicht verarschen! Lass Dich nicht verarschen!
Lass Dich nicht verarschen! Lass Dich nicht verarschen!

Lass Dich nicht verarschen! Lass Dich nicht verarschen!
Lass Dich nicht verarschen! Lass Dich nicht verarschen!
Lass Dich nicht verarschen! Lass Dich nicht verarschen!
Lass Dich nicht verarschen! Lass Dich nicht verarschen!
Lass Dich nicht verarschen! Lass Dich nicht verarschen!
Lass Dich nicht verarschen! Lass Dich nicht verarschen!
Lass Dich nicht verarschen! Lass Dich nicht verarschen!
Lass Dich nicht verarschen! Lass Dich nicht verarschen!
Lass Dich nicht verarschen! Lass Dich nicht verarschen!
Lass Dich nicht verarschen! Lass Dich nicht verarschen!
Lass Dich nicht verarschen! Lass Dich nicht verarschen!
Lass Dich nicht verarschen! Lass Dich nicht verarschen!
Lass Dich nicht verarschen! Lass Dich nicht verarschen!
Lass Dich nicht verarschen! Lass Dich nicht verarschen!
Lass Dich nicht verarschen! Lass Dich nicht verarschen!
Lass Dich nicht verarschen! Lass Dich nicht verarschen!
Lass Dich nicht verarschen! Lass Dich nicht verarschen!
Lass Dich nicht verarschen! Lass Dich nicht verarschen!
Lass Dich nicht verarschen! Lass Dich nicht verarschen!
Lass Dich nicht verarschen! Lass Dich nicht verarschen!
Lass Dich nicht verarschen! Lass Dich nicht verarschen!
Lass Dich nicht verarschen! Lass Dich nicht verarschen!
Lass Dich nicht verarschen! Lass Dich nicht verarschen!
Lass Dich nicht verarschen! Lass Dich nicht verarschen!
Lass Dich nicht verarschen! Lass Dich nicht verarschen!
Lass Dich nicht verarschen! Lass Dich nicht verarschen!
Lass Dich nicht verarschen! Lass Dich nicht verarschen!
Lass Dich nicht verarschen! Lass Dich nicht verarschen!
Lass Dich nicht verarschen! Lass Dich nicht verarschen!
Lass Dich nicht verarschen! Lass Dich nicht verarschen!
Lass Dich nicht verarschen! Lass Dich nicht verarschen!
Lass Dich nicht verarschen! Lass Dich nicht verarschen!
Lass Dich nicht verarschen! Lass Dich nicht verarschen!
Lass Dich nicht verarschen! Lass Dich nicht verarschen!
Lass Dich nicht verarschen! Lass Dich nicht verarschen!
Lass Dich nicht verarschen! Lass Dich nicht verarschen!
Lass Dich nicht verarschen! Lass Dich nicht verarschen!

Lass Dich nicht verarschen! Lass Dich nicht verarschen!
Lass Dich nicht verarschen! Lass Dich nicht verarschen!
Lass Dich nicht verarschen! Lass Dich nicht verarschen!
Lass Dich nicht verarschen! Lass Dich nicht verarschen!
Lass Dich nicht verarschen! Lass Dich nicht verarschen!
Lass Dich nicht verarschen! Lass Dich nicht verarschen!
Lass Dich nicht verarschen! Lass Dich nicht verarschen!
Lass Dich nicht verarschen! Lass Dich nicht verarschen!
Lass Dich nicht verarschen! Lass Dich nicht verarschen!
Lass Dich nicht verarschen! Lass Dich nicht verarschen!
Lass Dich nicht verarschen! Lass Dich nicht verarschen!
Lass Dich nicht verarschen! Lass Dich nicht verarschen!
Lass Dich nicht verarschen! Lass Dich nicht verarschen!
Lass Dich nicht verarschen! Lass Dich nicht verarschen!
Lass Dich nicht verarschen! Lass Dich nicht verarschen!
Lass Dich nicht verarschen! Lass Dich nicht verarschen!
Lass Dich nicht verarschen! Lass Dich nicht verarschen!
Lass Dich nicht verarschen! Lass Dich nicht verarschen!
Lass Dich nicht verarschen! Lass Dich nicht verarschen!
Lass Dich nicht verarschen! Lass Dich nicht verarschen!
Lass Dich nicht verarschen! Lass Dich nicht verarschen!
Lass Dich nicht verarschen! Lass Dich nicht verarschen!
Lass Dich nicht verarschen! Lass Dich nicht verarschen!
Lass Dich nicht verarschen! Lass Dich nicht verarschen!
Lass Dich nicht verarschen! Lass Dich nicht verarschen!
Lass Dich nicht verarschen! Lass Dich nicht verarschen!
Lass Dich nicht verarschen! Lass Dich nicht verarschen!
Lass Dich nicht verarschen! Lass Dich nicht verarschen!
Lass Dich nicht verarschen! Lass Dich nicht verarschen!
Lass Dich nicht verarschen! Lass Dich nicht verarschen!
Lass Dich nicht verarschen! Lass Dich nicht verarschen!
Lass Dich nicht verarschen! Lass Dich nicht verarschen!
Lass Dich nicht verarschen! Lass Dich nicht verarschen!
Lass Dich nicht verarschen! Lass Dich nicht verarschen!

Lass Dich nicht verarschen! Lass Dich nicht verarschen!
Lass Dich nicht verarschen! Lass Dich nicht verarschen!
Lass Dich nicht verarschen! Lass Dich nicht verarschen!
Lass Dich nicht verarschen! Lass Dich nicht verarschen!
Lass Dich nicht verarschen! Lass Dich nicht verarschen!
Lass Dich nicht verarschen! Lass Dich nicht verarschen!
Lass Dich nicht verarschen! Lass Dich nicht verarschen!
Lass Dich nicht verarschen! Lass Dich nicht verarschen!
Lass Dich nicht verarschen! Lass Dich nicht verarschen!
Lass Dich nicht verarschen! Lass Dich nicht verarschen!
Lass Dich nicht verarschen! Lass Dich nicht verarschen!
Lass Dich nicht verarschen! Lass Dich nicht verarschen!
Lass Dich nicht verarschen! Lass Dich nicht verarschen!
Lass Dich nicht verarschen! Lass Dich nicht verarschen!
Lass Dich nicht verarschen! Lass Dich nicht verarschen!
Lass Dich nicht verarschen! Lass Dich nicht verarschen!
Lass Dich nicht verarschen! Lass Dich nicht verarschen!
Lass Dich nicht verarschen! Lass Dich nicht verarschen!
Lass Dich nicht verarschen! Lass Dich nicht verarschen!
Lass Dich nicht verarschen! Lass Dich nicht verarschen!
Lass Dich nicht verarschen! Lass Dich nicht verarschen!
Lass Dich nicht verarschen! Lass Dich nicht verarschen!
Lass Dich nicht verarschen! Lass Dich nicht verarschen!
Lass Dich nicht verarschen! Lass Dich nicht verarschen!
Lass Dich nicht verarschen! Lass Dich nicht verarschen!
Lass Dich nicht verarschen! Lass Dich nicht verarschen!
Lass Dich nicht verarschen! Lass Dich nicht verarschen!
Lass Dich nicht verarschen! Lass Dich nicht verarschen!
Lass Dich nicht verarschen! Lass Dich nicht verarschen!
Lass Dich nicht verarschen! Lass Dich nicht verarschen!
Lass Dich nicht verarschen! Lass Dich nicht verarschen!
Lass Dich nicht verarschen! Lass Dich nicht verarschen!
Lass Dich nicht verarschen! Lass Dich nicht verarschen!
Lass Dich nicht verarschen! Lass Dich nicht verarschen!
Lass Dich nicht verarschen! Lass Dich nicht verarschen!

Lass Dich nicht verarschen! Lass Dich nicht verarschen!
Lass Dich nicht verarschen! Lass Dich nicht verarschen!
Lass Dich nicht verarschen! Lass Dich nicht verarschen!
Lass Dich nicht verarschen! Lass Dich nicht verarschen!
Lass Dich nicht verarschen! Lass Dich nicht verarschen!
Lass Dich nicht verarschen! Lass Dich nicht verarschen!
Lass Dich nicht verarschen! Lass Dich nicht verarschen!
Lass Dich nicht verarschen! Lass Dich nicht verarschen!
Lass Dich nicht verarschen! Lass Dich nicht verarschen!
Lass Dich nicht verarschen! Lass Dich nicht verarschen!
Lass Dich nicht verarschen! Lass Dich nicht verarschen!
Lass Dich nicht verarschen! Lass Dich nicht verarschen!
Lass Dich nicht verarschen! Lass Dich nicht verarschen!
Lass Dich nicht verarschen! Lass Dich nicht verarschen!
Lass Dich nicht verarschen! Lass Dich nicht verarschen!
Lass Dich nicht verarschen! Lass Dich nicht verarschen!
Lass Dich nicht verarschen! Lass Dich nicht verarschen!
Lass Dich nicht verarschen! Lass Dich nicht verarschen!
Lass Dich nicht verarschen! Lass Dich nicht verarschen!
Lass Dich nicht verarschen! Lass Dich nicht verarschen!
Lass Dich nicht verarschen! Lass Dich nicht verarschen!
Lass Dich nicht verarschen! Lass Dich nicht verarschen!
Lass Dich nicht verarschen! Lass Dich nicht verarschen!
Lass Dich nicht verarschen! Lass Dich nicht verarschen!
Lass Dich nicht verarschen! Lass Dich nicht verarschen!
Lass Dich nicht verarschen! Lass Dich nicht verarschen!
Lass Dich nicht verarschen! Lass Dich nicht verarschen!
Lass Dich nicht verarschen! Lass Dich nicht verarschen!
Lass Dich nicht verarschen! Lass Dich nicht verarschen!
Lass Dich nicht verarschen! Lass Dich nicht verarschen!
Lass Dich nicht verarschen! Lass Dich nicht verarschen!
Lass Dich nicht verarschen! Lass Dich nicht verarschen!
Lass Dich nicht verarschen! Lass Dich nicht verarschen!
Lass Dich nicht verarschen! Lass Dich nicht verarschen!
Lass Dich nicht verarschen! Lass Dich nicht verarschen!
Lass Dich nicht verarschen! Lass Dich nicht verarschen!
Lass Dich nicht verarschen! Lass Dich nicht verarschen!

Lass Dich nicht verarschen! Lass Dich nicht verarschen!
Lass Dich nicht verarschen! Lass Dich nicht verarschen!
Lass Dich nicht verarschen! Lass Dich nicht verarschen!
Lass Dich nicht verarschen! Lass Dich nicht verarschen!
Lass Dich nicht verarschen! Lass Dich nicht verarschen!
Lass Dich nicht verarschen! Lass Dich nicht verarschen!
Lass Dich nicht verarschen! Lass Dich nicht verarschen!
Lass Dich nicht verarschen! Lass Dich nicht verarschen!
Lass Dich nicht verarschen! Lass Dich nicht verarschen!
Lass Dich nicht verarschen! Lass Dich nicht verarschen!
Lass Dich nicht verarschen! Lass Dich nicht verarschen!
Lass Dich nicht verarschen! Lass Dich nicht verarschen!
Lass Dich nicht verarschen! Lass Dich nicht verarschen!
Lass Dich nicht verarschen! Lass Dich nicht verarschen!
Lass Dich nicht verarschen! Lass Dich nicht verarschen!
Lass Dich nicht verarschen! Lass Dich nicht verarschen!
Lass Dich nicht verarschen! Lass Dich nicht verarschen!
Lass Dich nicht verarschen! Lass Dich nicht verarschen!
Lass Dich nicht verarschen! Lass Dich nicht verarschen!
Lass Dich nicht verarschen! Lass Dich nicht verarschen!
Lass Dich nicht verarschen! Lass Dich nicht verarschen!
Lass Dich nicht verarschen! Lass Dich nicht verarschen!
Lass Dich nicht verarschen! Lass Dich nicht verarschen!
Lass Dich nicht verarschen! Lass Dich nicht verarschen!
Lass Dich nicht verarschen! Lass Dich nicht verarschen!
Lass Dich nicht verarschen! Lass Dich nicht verarschen!
Lass Dich nicht verarschen! Lass Dich nicht verarschen!
Lass Dich nicht verarschen! Lass Dich nicht verarschen!
Lass Dich nicht verarschen! Lass Dich nicht verarschen!
Lass Dich nicht verarschen! Lass Dich nicht verarschen!
Lass Dich nicht verarschen! Lass Dich nicht verarschen!
Lass Dich nicht verarschen! Lass Dich nicht verarschen!
Lass Dich nicht verarschen! Lass Dich nicht verarschen!
Lass Dich nicht verarschen! Lass Dich nicht verarschen!
Lass Dich nicht verarschen! Lass Dich nicht verarschen!

Lass Dich nicht verarschen! Lass Dich nicht verarschen!
Lass Dich nicht verarschen! Lass Dich nicht verarschen!
Lass Dich nicht verarschen! Lass Dich nicht verarschen!
Lass Dich nicht verarschen! Lass Dich nicht verarschen!
Lass Dich nicht verarschen! Lass Dich nicht verarschen!
Lass Dich nicht verarschen! Lass Dich nicht verarschen!
Lass Dich nicht verarschen! Lass Dich nicht verarschen!
Lass Dich nicht verarschen! Lass Dich nicht verarschen!
Lass Dich nicht verarschen! Lass Dich nicht verarschen!
Lass Dich nicht verarschen! Lass Dich nicht verarschen!
Lass Dich nicht verarschen! Lass Dich nicht verarschen!
Lass Dich nicht verarschen! Lass Dich nicht verarschen!
Lass Dich nicht verarschen! Lass Dich nicht verarschen!
Lass Dich nicht verarschen! Lass Dich nicht verarschen!
Lass Dich nicht verarschen! Lass Dich nicht verarschen!
Lass Dich nicht verarschen! Lass Dich nicht verarschen!
Lass Dich nicht verarschen! Lass Dich nicht verarschen!
Lass Dich nicht verarschen! Lass Dich nicht verarschen!
Lass Dich nicht verarschen! Lass Dich nicht verarschen!
Lass Dich nicht verarschen! Lass Dich nicht verarschen!
Lass Dich nicht verarschen! Lass Dich nicht verarschen!
Lass Dich nicht verarschen! Lass Dich nicht verarschen!
Lass Dich nicht verarschen! Lass Dich nicht verarschen!
Lass Dich nicht verarschen! Lass Dich nicht verarschen!
Lass Dich nicht verarschen! Lass Dich nicht verarschen!
Lass Dich nicht verarschen! Lass Dich nicht verarschen!
Lass Dich nicht verarschen! Lass Dich nicht verarschen!
Lass Dich nicht verarschen! Lass Dich nicht verarschen!
Lass Dich nicht verarschen! Lass Dich nicht verarschen!
Lass Dich nicht verarschen! Lass Dich nicht verarschen!
Lass Dich nicht verarschen! Lass Dich nicht verarschen!
Lass Dich nicht verarschen! Lass Dich nicht verarschen!
Lass Dich nicht verarschen! Lass Dich nicht verarschen!
Lass Dich nicht verarschen! Lass Dich nicht verarschen!

Lass Dich nicht verarschen! Lass Dich nicht verarschen!
Lass Dich nicht verarschen! Lass Dich nicht verarschen!
Lass Dich nicht verarschen! Lass Dich nicht verarschen!
Lass Dich nicht verarschen! Lass Dich nicht verarschen!
Lass Dich nicht verarschen! Lass Dich nicht verarschen!
Lass Dich nicht verarschen! Lass Dich nicht verarschen!
Lass Dich nicht verarschen! Lass Dich nicht verarschen!
Lass Dich nicht verarschen! Lass Dich nicht verarschen!
Lass Dich nicht verarschen! Lass Dich nicht verarschen!
Lass Dich nicht verarschen! Lass Dich nicht verarschen!
Lass Dich nicht verarschen! Lass Dich nicht verarschen!
Lass Dich nicht verarschen! Lass Dich nicht verarschen!
Lass Dich nicht verarschen! Lass Dich nicht verarschen!
Lass Dich nicht verarschen! Lass Dich nicht verarschen!
Lass Dich nicht verarschen! Lass Dich nicht verarschen!
Lass Dich nicht verarschen! Lass Dich nicht verarschen!
Lass Dich nicht verarschen! Lass Dich nicht verarschen!
Lass Dich nicht verarschen! Lass Dich nicht verarschen!
Lass Dich nicht verarschen! Lass Dich nicht verarschen!
Lass Dich nicht verarschen! Lass Dich nicht verarschen!
Lass Dich nicht verarschen! Lass Dich nicht verarschen!
Lass Dich nicht verarschen! Lass Dich nicht verarschen!
Lass Dich nicht verarschen! Lass Dich nicht verarschen!
Lass Dich nicht verarschen! Lass Dich nicht verarschen!
Lass Dich nicht verarschen! Lass Dich nicht verarschen!
Lass Dich nicht verarschen! Lass Dich nicht verarschen!
Lass Dich nicht verarschen! Lass Dich nicht verarschen!
Lass Dich nicht verarschen! Lass Dich nicht verarschen!
Lass Dich nicht verarschen! Lass Dich nicht verarschen!
Lass Dich nicht verarschen! Lass Dich nicht verarschen!
Lass Dich nicht verarschen! Lass Dich nicht verarschen!
Lass Dich nicht verarschen! Lass Dich nicht verarschen!
Lass Dich nicht verarschen! Lass Dich nicht verarschen!
Lass Dich nicht verarschen! Lass Dich nicht verarschen!
Lass Dich nicht verarschen! Lass Dich nicht verarschen!

Lass Dich nicht verarschen! Lass Dich nicht verarschen!
Lass Dich nicht verarschen! Lass Dich nicht verarschen!
Lass Dich nicht verarschen! Lass Dich nicht verarschen!
Lass Dich nicht verarschen! Lass Dich nicht verarschen!
Lass Dich nicht verarschen! Lass Dich nicht verarschen!
Lass Dich nicht verarschen! Lass Dich nicht verarschen!
Lass Dich nicht verarschen! Lass Dich nicht verarschen!
Lass Dich nicht verarschen! Lass Dich nicht verarschen!
Lass Dich nicht verarschen! Lass Dich nicht verarschen!
Lass Dich nicht verarschen! Lass Dich nicht verarschen!
Lass Dich nicht verarschen! Lass Dich nicht verarschen!
Lass Dich nicht verarschen! Lass Dich nicht verarschen!
Lass Dich nicht verarschen! Lass Dich nicht verarschen!
Lass Dich nicht verarschen! Lass Dich nicht verarschen!
Lass Dich nicht verarschen! Lass Dich nicht verarschen!
Lass Dich nicht verarschen! Lass Dich nicht verarschen!
Lass Dich nicht verarschen! Lass Dich nicht verarschen!
Lass Dich nicht verarschen! Lass Dich nicht verarschen!
Lass Dich nicht verarschen! Lass Dich nicht verarschen!
Lass Dich nicht verarschen! Lass Dich nicht verarschen!
Lass Dich nicht verarschen! Lass Dich nicht verarschen!
Lass Dich nicht verarschen! Lass Dich nicht verarschen!
Lass Dich nicht verarschen! Lass Dich nicht verarschen!
Lass Dich nicht verarschen! Lass Dich nicht verarschen!
Lass Dich nicht verarschen! Lass Dich nicht verarschen!
Lass Dich nicht verarschen! Lass Dich nicht verarschen!
Lass Dich nicht verarschen! Lass Dich nicht verarschen!
Lass Dich nicht verarschen! Lass Dich nicht verarschen!
Lass Dich nicht verarschen! Lass Dich nicht verarschen!
Lass Dich nicht verarschen! Lass Dich nicht verarschen!
Lass Dich nicht verarschen! Lass Dich nicht verarschen!
Lass Dich nicht verarschen! Lass Dich nicht verarschen!
Lass Dich nicht verarschen! Lass Dich nicht verarschen!
Lass Dich nicht verarschen! Lass Dich nicht verarschen!
Lass Dich nicht verarschen! Lass Dich nicht verarschen!

Lass Dich nicht verarschen! Lass Dich nicht verarschen!
Lass Dich nicht verarschen! Lass Dich nicht verarschen!
Lass Dich nicht verarschen! Lass Dich nicht verarschen!
Lass Dich nicht verarschen! Lass Dich nicht verarschen!
Lass Dich nicht verarschen! Lass Dich nicht verarschen!
Lass Dich nicht verarschen! Lass Dich nicht verarschen!
Lass Dich nicht verarschen! Lass Dich nicht verarschen!
Lass Dich nicht verarschen! Lass Dich nicht verarschen!
Lass Dich nicht verarschen! Lass Dich nicht verarschen!
Lass Dich nicht verarschen! Lass Dich nicht verarschen!
Lass Dich nicht verarschen! Lass Dich nicht verarschen!
Lass Dich nicht verarschen! Lass Dich nicht verarschen!
Lass Dich nicht verarschen! Lass Dich nicht verarschen!
Lass Dich nicht verarschen! Lass Dich nicht verarschen!
Lass Dich nicht verarschen! Lass Dich nicht verarschen!
Lass Dich nicht verarschen! Lass Dich nicht verarschen!
Lass Dich nicht verarschen! Lass Dich nicht verarschen!
Lass Dich nicht verarschen! Lass Dich nicht verarschen!
Lass Dich nicht verarschen! Lass Dich nicht verarschen!
Lass Dich nicht verarschen! Lass Dich nicht verarschen!
Lass Dich nicht verarschen! Lass Dich nicht verarschen!
Lass Dich nicht verarschen! Lass Dich nicht verarschen!
Lass Dich nicht verarschen! Lass Dich nicht verarschen!
Lass Dich nicht verarschen! Lass Dich nicht verarschen!
Lass Dich nicht verarschen! Lass Dich nicht verarschen!
Lass Dich nicht verarschen! Lass Dich nicht verarschen!
Lass Dich nicht verarschen! Lass Dich nicht verarschen!
Lass Dich nicht verarschen! Lass Dich nicht verarschen!
Lass Dich nicht verarschen! Lass Dich nicht verarschen!
Lass Dich nicht verarschen! Lass Dich nicht verarschen!
Lass Dich nicht verarschen! Lass Dich nicht verarschen!
Lass Dich nicht verarschen! Lass Dich nicht verarschen!
Lass Dich nicht verarschen! Lass Dich nicht verarschen!
Lass Dich nicht verarschen! Lass Dich nicht verarschen!
Lass Dich nicht verarschen! Lass Dich nicht verarschen!

Lass Dich nicht verarschen! Lass Dich nicht verarschen!
Lass Dich nicht verarschen! Lass Dich nicht verarschen!
Lass Dich nicht verarschen! Lass Dich nicht verarschen!
Lass Dich nicht verarschen! Lass Dich nicht verarschen!
Lass Dich nicht verarschen! Lass Dich nicht verarschen!
Lass Dich nicht verarschen! Lass Dich nicht verarschen!
Lass Dich nicht verarschen! Lass Dich nicht verarschen!
Lass Dich nicht verarschen! Lass Dich nicht verarschen!
Lass Dich nicht verarschen! Lass Dich nicht verarschen!
Lass Dich nicht verarschen! Lass Dich nicht verarschen!
Lass Dich nicht verarschen! Lass Dich nicht verarschen!
Lass Dich nicht verarschen! Lass Dich nicht verarschen!
Lass Dich nicht verarschen! Lass Dich nicht verarschen!
Lass Dich nicht verarschen! Lass Dich nicht verarschen!
Lass Dich nicht verarschen! Lass Dich nicht verarschen!
Lass Dich nicht verarschen! Lass Dich nicht verarschen!
Lass Dich nicht verarschen! Lass Dich nicht verarschen!
Lass Dich nicht verarschen! Lass Dich nicht verarschen!
Lass Dich nicht verarschen! Lass Dich nicht verarschen!
Lass Dich nicht verarschen! Lass Dich nicht verarschen!
Lass Dich nicht verarschen! Lass Dich nicht verarschen!
Lass Dich nicht verarschen! Lass Dich nicht verarschen!
Lass Dich nicht verarschen! Lass Dich nicht verarschen!
Lass Dich nicht verarschen! Lass Dich nicht verarschen!
Lass Dich nicht verarschen! Lass Dich nicht verarschen!
Lass Dich nicht verarschen! Lass Dich nicht verarschen!
Lass Dich nicht verarschen! Lass Dich nicht verarschen!
Lass Dich nicht verarschen! Lass Dich nicht verarschen!
Lass Dich nicht verarschen! Lass Dich nicht verarschen!
Lass Dich nicht verarschen! Lass Dich nicht verarschen!
Lass Dich nicht verarschen! Lass Dich nicht verarschen!
Lass Dich nicht verarschen! Lass Dich nicht verarschen!
Lass Dich nicht verarschen! Lass Dich nicht verarschen!
Lass Dich nicht verarschen! Lass Dich nicht verarschen!
Lass Dich nicht verarschen! Lass Dich nicht verarschen!
Lass Dich nicht verarschen! Lass Dich nicht verarschen!
Lass Dich nicht verarschen! Lass Dich nicht verarschen!

Lass Dich nicht verarschen! Lass Dich nicht verarschen!
Lass Dich nicht verarschen! Lass Dich nicht verarschen!
Lass Dich nicht verarschen! Lass Dich nicht verarschen!
Lass Dich nicht verarschen! Lass Dich nicht verarschen!
Lass Dich nicht verarschen! Lass Dich nicht verarschen!
Lass Dich nicht verarschen! Lass Dich nicht verarschen!
Lass Dich nicht verarschen! Lass Dich nicht verarschen!
Lass Dich nicht verarschen! Lass Dich nicht verarschen!
Lass Dich nicht verarschen! Lass Dich nicht verarschen!
Lass Dich nicht verarschen! Lass Dich nicht verarschen!
Lass Dich nicht verarschen! Lass Dich nicht verarschen!
Lass Dich nicht verarschen! Lass Dich nicht verarschen!
Lass Dich nicht verarschen! Lass Dich nicht verarschen!
Lass Dich nicht verarschen! Lass Dich nicht verarschen!
Lass Dich nicht verarschen! Lass Dich nicht verarschen!
Lass Dich nicht verarschen! Lass Dich nicht verarschen!
Lass Dich nicht verarschen! Lass Dich nicht verarschen!
Lass Dich nicht verarschen! Lass Dich nicht verarschen!
Lass Dich nicht verarschen! Lass Dich nicht verarschen!
Lass Dich nicht verarschen! Lass Dich nicht verarschen!
Lass Dich nicht verarschen! Lass Dich nicht verarschen!
Lass Dich nicht verarschen! Lass Dich nicht verarschen!
Lass Dich nicht verarschen! Lass Dich nicht verarschen!
Lass Dich nicht verarschen! Lass Dich nicht verarschen!
Lass Dich nicht verarschen! Lass Dich nicht verarschen!
Lass Dich nicht verarschen! Lass Dich nicht verarschen!
Lass Dich nicht verarschen! Lass Dich nicht verarschen!
Lass Dich nicht verarschen! Lass Dich nicht verarschen!
Lass Dich nicht verarschen! Lass Dich nicht verarschen!
Lass Dich nicht verarschen! Lass Dich nicht verarschen!
Lass Dich nicht verarschen! Lass Dich nicht verarschen!
Lass Dich nicht verarschen! Lass Dich nicht verarschen!
Lass Dich nicht verarschen! Lass Dich nicht verarschen!
Lass Dich nicht verarschen! Lass Dich nicht verarschen!
Lass Dich nicht verarschen! Lass Dich nicht verarschen!
Lass Dich nicht verarschen! Lass Dich nicht verarschen!
Lass Dich nicht verarschen! Lass Dich nicht verarschen!
Lass Dich nicht verarschen! Lass Dich nicht verarschen!

Lass Dich nicht verarschen! Lass Dich nicht verarschen!
Lass Dich nicht verarschen! Lass Dich nicht verarschen!
Lass Dich nicht verarschen! Lass Dich nicht verarschen!
Lass Dich nicht verarschen! Lass Dich nicht verarschen!
Lass Dich nicht verarschen! Lass Dich nicht verarschen!
Lass Dich nicht verarschen! Lass Dich nicht verarschen!
Lass Dich nicht verarschen! Lass Dich nicht verarschen!
Lass Dich nicht verarschen! Lass Dich nicht verarschen!
Lass Dich nicht verarschen! Lass Dich nicht verarschen!
Lass Dich nicht verarschen! Lass Dich nicht verarschen!
Lass Dich nicht verarschen! Lass Dich nicht verarschen!
Lass Dich nicht verarschen! Lass Dich nicht verarschen!
Lass Dich nicht verarschen! Lass Dich nicht verarschen!
Lass Dich nicht verarschen! Lass Dich nicht verarschen!
Lass Dich nicht verarschen! Lass Dich nicht verarschen!
Lass Dich nicht verarschen! Lass Dich nicht verarschen!
Lass Dich nicht verarschen! Lass Dich nicht verarschen!
Lass Dich nicht verarschen! Lass Dich nicht verarschen!
Lass Dich nicht verarschen! Lass Dich nicht verarschen!
Lass Dich nicht verarschen! Lass Dich nicht verarschen!
Lass Dich nicht verarschen! Lass Dich nicht verarschen!
Lass Dich nicht verarschen! Lass Dich nicht verarschen!
Lass Dich nicht verarschen! Lass Dich nicht verarschen!
Lass Dich nicht verarschen! Lass Dich nicht verarschen!
Lass Dich nicht verarschen! Lass Dich nicht verarschen!
Lass Dich nicht verarschen! Lass Dich nicht verarschen!
Lass Dich nicht verarschen! Lass Dich nicht verarschen!
Lass Dich nicht verarschen! Lass Dich nicht verarschen!
Lass Dich nicht verarschen! Lass Dich nicht verarschen!
Lass Dich nicht verarschen! Lass Dich nicht verarschen!
Lass Dich nicht verarschen! Lass Dich nicht verarschen!
Lass Dich nicht verarschen! Lass Dich nicht verarschen!
Lass Dich nicht verarschen! Lass Dich nicht verarschen!
Lass Dich nicht verarschen! Lass Dich nicht verarschen!
Lass Dich nicht verarschen! Lass Dich nicht verarschen!
Lass Dich nicht verarschen! Lass Dich nicht verarschen!
Lass Dich nicht verarschen! Lass Dich nicht verarschen!

Lass Dich nicht verarschen! Lass Dich nicht verarschen!
Lass Dich nicht verarschen! Lass Dich nicht verarschen!
Lass Dich nicht verarschen! Lass Dich nicht verarschen!
Lass Dich nicht verarschen! Lass Dich nicht verarschen!
Lass Dich nicht verarschen! Lass Dich nicht verarschen!
Lass Dich nicht verarschen! Lass Dich nicht verarschen!
Lass Dich nicht verarschen! Lass Dich nicht verarschen!
Lass Dich nicht verarschen! Lass Dich nicht verarschen!
Lass Dich nicht verarschen! Lass Dich nicht verarschen!
Lass Dich nicht verarschen! Lass Dich nicht verarschen!
Lass Dich nicht verarschen! Lass Dich nicht verarschen!
Lass Dich nicht verarschen! Lass Dich nicht verarschen!
Lass Dich nicht verarschen! Lass Dich nicht verarschen!
Lass Dich nicht verarschen! Lass Dich nicht verarschen!
Lass Dich nicht verarschen! Lass Dich nicht verarschen!
Lass Dich nicht verarschen! Lass Dich nicht verarschen!
Lass Dich nicht verarschen! Lass Dich nicht verarschen!
Lass Dich nicht verarschen! Lass Dich nicht verarschen!
Lass Dich nicht verarschen! Lass Dich nicht verarschen!
Lass Dich nicht verarschen! Lass Dich nicht verarschen!
Lass Dich nicht verarschen! Lass Dich nicht verarschen!
Lass Dich nicht verarschen! Lass Dich nicht verarschen!
Lass Dich nicht verarschen! Lass Dich nicht verarschen!
Lass Dich nicht verarschen! Lass Dich nicht verarschen!
Lass Dich nicht verarschen! Lass Dich nicht verarschen!
Lass Dich nicht verarschen! Lass Dich nicht verarschen!
Lass Dich nicht verarschen! Lass Dich nicht verarschen!
Lass Dich nicht verarschen! Lass Dich nicht verarschen!
Lass Dich nicht verarschen! Lass Dich nicht verarschen!
Lass Dich nicht verarschen! Lass Dich nicht verarschen!
Lass Dich nicht verarschen! Lass Dich nicht verarschen!
Lass Dich nicht verarschen! Lass Dich nicht verarschen!
Lass Dich nicht verarschen! Lass Dich nicht verarschen!
Lass Dich nicht verarschen! Lass Dich nicht verarschen!
Lass Dich nicht verarschen! Lass Dich nicht verarschen!
Lass Dich nicht verarschen! Lass Dich nicht verarschen!
Lass Dich nicht verarschen! Lass Dich nicht verarschen!
Lass Dich nicht verarschen! Lass Dich nicht verarschen!
Lass Dich nicht verarschen! Lass Dich nicht verarschen!

Lass Dich nicht verarschen! Lass Dich nicht verarschen!
Lass Dich nicht verarschen! Lass Dich nicht verarschen!
Lass Dich nicht verarschen! Lass Dich nicht verarschen!
Lass Dich nicht verarschen! Lass Dich nicht verarschen!
Lass Dich nicht verarschen! Lass Dich nicht verarschen!
Lass Dich nicht verarschen! Lass Dich nicht verarschen!
Lass Dich nicht verarschen! Lass Dich nicht verarschen!
Lass Dich nicht verarschen! Lass Dich nicht verarschen!
Lass Dich nicht verarschen! Lass Dich nicht verarschen!
Lass Dich nicht verarschen! Lass Dich nicht verarschen!
Lass Dich nicht verarschen! Lass Dich nicht verarschen!
Lass Dich nicht verarschen! Lass Dich nicht verarschen!
Lass Dich nicht verarschen! Lass Dich nicht verarschen!
Lass Dich nicht verarschen! Lass Dich nicht verarschen!
Lass Dich nicht verarschen! Lass Dich nicht verarschen!
Lass Dich nicht verarschen! Lass Dich nicht verarschen!
Lass Dich nicht verarschen! Lass Dich nicht verarschen!
Lass Dich nicht verarschen! Lass Dich nicht verarschen!
Lass Dich nicht verarschen! Lass Dich nicht verarschen!
Lass Dich nicht verarschen! Lass Dich nicht verarschen!
Lass Dich nicht verarschen! Lass Dich nicht verarschen!
Lass Dich nicht verarschen! Lass Dich nicht verarschen!
Lass Dich nicht verarschen! Lass Dich nicht verarschen!
Lass Dich nicht verarschen! Lass Dich nicht verarschen!
Lass Dich nicht verarschen! Lass Dich nicht verarschen!
Lass Dich nicht verarschen! Lass Dich nicht verarschen!
Lass Dich nicht verarschen! Lass Dich nicht verarschen!
Lass Dich nicht verarschen! Lass Dich nicht verarschen!
Lass Dich nicht verarschen! Lass Dich nicht verarschen!
Lass Dich nicht verarschen! Lass Dich nicht verarschen!
Lass Dich nicht verarschen! Lass Dich nicht verarschen!
Lass Dich nicht verarschen! Lass Dich nicht verarschen!
Lass Dich nicht verarschen! Lass Dich nicht verarschen!
Lass Dich nicht verarschen! Lass Dich nicht verarschen!
Lass Dich nicht verarschen! Lass Dich nicht verarschen!
Lass Dich nicht verarschen! Lass Dich nicht verarschen!

Lass Dich nicht verarschen! Lass Dich nicht verarschen!
Lass Dich nicht verarschen! Lass Dich nicht verarschen!
Lass Dich nicht verarschen! Lass Dich nicht verarschen!
Lass Dich nicht verarschen! Lass Dich nicht verarschen!
Lass Dich nicht verarschen! Lass Dich nicht verarschen!
Lass Dich nicht verarschen! Lass Dich nicht verarschen!
Lass Dich nicht verarschen! Lass Dich nicht verarschen!
Lass Dich nicht verarschen! Lass Dich nicht verarschen!
Lass Dich nicht verarschen! Lass Dich nicht verarschen!
Lass Dich nicht verarschen! Lass Dich nicht verarschen!
Lass Dich nicht verarschen! Lass Dich nicht verarschen!
Lass Dich nicht verarschen! Lass Dich nicht verarschen!
Lass Dich nicht verarschen! Lass Dich nicht verarschen!
Lass Dich nicht verarschen! Lass Dich nicht verarschen!
Lass Dich nicht verarschen! Lass Dich nicht verarschen!
Lass Dich nicht verarschen! Lass Dich nicht verarschen!
Lass Dich nicht verarschen! Lass Dich nicht verarschen!
Lass Dich nicht verarschen! Lass Dich nicht verarschen!
Lass Dich nicht verarschen! Lass Dich nicht verarschen!
Lass Dich nicht verarschen! Lass Dich nicht verarschen!
Lass Dich nicht verarschen! Lass Dich nicht verarschen!
Lass Dich nicht verarschen! Lass Dich nicht verarschen!
Lass Dich nicht verarschen! Lass Dich nicht verarschen!
Lass Dich nicht verarschen! Lass Dich nicht verarschen!
Lass Dich nicht verarschen! Lass Dich nicht verarschen!
Lass Dich nicht verarschen! Lass Dich nicht verarschen!
Lass Dich nicht verarschen! Lass Dich nicht verarschen!
Lass Dich nicht verarschen! Lass Dich nicht verarschen!
Lass Dich nicht verarschen! Lass Dich nicht verarschen!
Lass Dich nicht verarschen! Lass Dich nicht verarschen!
Lass Dich nicht verarschen! Lass Dich nicht verarschen!
Lass Dich nicht verarschen! Lass Dich nicht verarschen!
Lass Dich nicht verarschen! Lass Dich nicht verarschen!
Lass Dich nicht verarschen! Lass Dich nicht verarschen!

Lass Dich nicht verarschen! Lass Dich nicht verarschen!
Lass Dich nicht verarschen! Lass Dich nicht verarschen!
Lass Dich nicht verarschen! Lass Dich nicht verarschen!
Lass Dich nicht verarschen! Lass Dich nicht verarschen!
Lass Dich nicht verarschen! Lass Dich nicht verarschen!
Lass Dich nicht verarschen! Lass Dich nicht verarschen!
Lass Dich nicht verarschen! Lass Dich nicht verarschen!
Lass Dich nicht verarschen! Lass Dich nicht verarschen!
Lass Dich nicht verarschen! Lass Dich nicht verarschen!
Lass Dich nicht verarschen! Lass Dich nicht verarschen!
Lass Dich nicht verarschen! Lass Dich nicht verarschen!
Lass Dich nicht verarschen! Lass Dich nicht verarschen!
Lass Dich nicht verarschen! Lass Dich nicht verarschen!
Lass Dich nicht verarschen! Lass Dich nicht verarschen!
Lass Dich nicht verarschen! Lass Dich nicht verarschen!
Lass Dich nicht verarschen! Lass Dich nicht verarschen!
Lass Dich nicht verarschen! Lass Dich nicht verarschen!
Lass Dich nicht verarschen! Lass Dich nicht verarschen!
Lass Dich nicht verarschen! Lass Dich nicht verarschen!
Lass Dich nicht verarschen! Lass Dich nicht verarschen!
Lass Dich nicht verarschen! Lass Dich nicht verarschen!
Lass Dich nicht verarschen! Lass Dich nicht verarschen!
Lass Dich nicht verarschen! Lass Dich nicht verarschen!
Lass Dich nicht verarschen! Lass Dich nicht verarschen!
Lass Dich nicht verarschen! Lass Dich nicht verarschen!
Lass Dich nicht verarschen! Lass Dich nicht verarschen!
Lass Dich nicht verarschen! Lass Dich nicht verarschen!
Lass Dich nicht verarschen! Lass Dich nicht verarschen!
Lass Dich nicht verarschen! Lass Dich nicht verarschen!
Lass Dich nicht verarschen! Lass Dich nicht verarschen!
Lass Dich nicht verarschen! Lass Dich nicht verarschen!
Lass Dich nicht verarschen! Lass Dich nicht verarschen!
Lass Dich nicht verarschen! Lass Dich nicht verarschen!
Lass Dich nicht verarschen! Lass Dich nicht verarschen!
Lass Dich nicht verarschen! Lass Dich nicht verarschen!

Lass Dich nicht verarschen! Lass Dich nicht verarschen!
Lass Dich nicht verarschen! Lass Dich nicht verarschen!
Lass Dich nicht verarschen! Lass Dich nicht verarschen!
Lass Dich nicht verarschen! Lass Dich nicht verarschen!
Lass Dich nicht verarschen! Lass Dich nicht verarschen!
Lass Dich nicht verarschen! Lass Dich nicht verarschen!
Lass Dich nicht verarschen! Lass Dich nicht verarschen!
Lass Dich nicht verarschen! Lass Dich nicht verarschen!
Lass Dich nicht verarschen! Lass Dich nicht verarschen!
Lass Dich nicht verarschen! Lass Dich nicht verarschen!
Lass Dich nicht verarschen! Lass Dich nicht verarschen!
Lass Dich nicht verarschen! Lass Dich nicht verarschen!
Lass Dich nicht verarschen! Lass Dich nicht verarschen!
Lass Dich nicht verarschen! Lass Dich nicht verarschen!
Lass Dich nicht verarschen! Lass Dich nicht verarschen!
Lass Dich nicht verarschen! Lass Dich nicht verarschen!
Lass Dich nicht verarschen! Lass Dich nicht verarschen!
Lass Dich nicht verarschen! Lass Dich nicht verarschen!
Lass Dich nicht verarschen! Lass Dich nicht verarschen!
Lass Dich nicht verarschen! Lass Dich nicht verarschen!
Lass Dich nicht verarschen! Lass Dich nicht verarschen!
Lass Dich nicht verarschen! Lass Dich nicht verarschen!
Lass Dich nicht verarschen! Lass Dich nicht verarschen!
Lass Dich nicht verarschen! Lass Dich nicht verarschen!
Lass Dich nicht verarschen! Lass Dich nicht verarschen!
Lass Dich nicht verarschen! Lass Dich nicht verarschen!
Lass Dich nicht verarschen! Lass Dich nicht verarschen!
Lass Dich nicht verarschen! Lass Dich nicht verarschen!
Lass Dich nicht verarschen! Lass Dich nicht verarschen!
Lass Dich nicht verarschen! Lass Dich nicht verarschen!
Lass Dich nicht verarschen! Lass Dich nicht verarschen!
Lass Dich nicht verarschen! Lass Dich nicht verarschen!
Lass Dich nicht verarschen! Lass Dich nicht verarschen!
Lass Dich nicht verarschen! Lass Dich nicht verarschen!
Lass Dich nicht verarschen! Lass Dich nicht verarschen!
Lass Dich nicht verarschen! Lass Dich nicht verarschen!
Lass Dich nicht verarschen! Lass Dich nicht verarschen!
Lass Dich nicht verarschen! Lass Dich nicht verarschen!
Lass Dich nicht verarschen! Lass Dich nicht verarschen!
Lass Dich nicht verarschen! Lass Dich nicht verarschen!

Lass Dich nicht verarschen! Lass Dich nicht verarschen!
Lass Dich nicht verarschen! Lass Dich nicht verarschen!
Lass Dich nicht verarschen! Lass Dich nicht verarschen!
Lass Dich nicht verarschen! Lass Dich nicht verarschen!
Lass Dich nicht verarschen! Lass Dich nicht verarschen!
Lass Dich nicht verarschen! Lass Dich nicht verarschen!
Lass Dich nicht verarschen! Lass Dich nicht verarschen!
Lass Dich nicht verarschen! Lass Dich nicht verarschen!
Lass Dich nicht verarschen! Lass Dich nicht verarschen!
Lass Dich nicht verarschen! Lass Dich nicht verarschen!
Lass Dich nicht verarschen! Lass Dich nicht verarschen!
Lass Dich nicht verarschen! Lass Dich nicht verarschen!
Lass Dich nicht verarschen! Lass Dich nicht verarschen!
Lass Dich nicht verarschen! Lass Dich nicht verarschen!
Lass Dich nicht verarschen! Lass Dich nicht verarschen!
Lass Dich nicht verarschen! Lass Dich nicht verarschen!
Lass Dich nicht verarschen! Lass Dich nicht verarschen!
Lass Dich nicht verarschen! Lass Dich nicht verarschen!
Lass Dich nicht verarschen! Lass Dich nicht verarschen!
Lass Dich nicht verarschen! Lass Dich nicht verarschen!
Lass Dich nicht verarschen! Lass Dich nicht verarschen!
Lass Dich nicht verarschen! Lass Dich nicht verarschen!
Lass Dich nicht verarschen! Lass Dich nicht verarschen!
Lass Dich nicht verarschen! Lass Dich nicht verarschen!
Lass Dich nicht verarschen! Lass Dich nicht verarschen!
Lass Dich nicht verarschen! Lass Dich nicht verarschen!
Lass Dich nicht verarschen! Lass Dich nicht verarschen!
Lass Dich nicht verarschen! Lass Dich nicht verarschen!
Lass Dich nicht verarschen! Lass Dich nicht verarschen!
Lass Dich nicht verarschen! Lass Dich nicht verarschen!
Lass Dich nicht verarschen! Lass Dich nicht verarschen!
Lass Dich nicht verarschen! Lass Dich nicht verarschen!
Lass Dich nicht verarschen! Lass Dich nicht verarschen!

Lass Dich nicht verarschen! Lass Dich nicht verarschen!
Lass Dich nicht verarschen! Lass Dich nicht verarschen!
Lass Dich nicht verarschen! Lass Dich nicht verarschen!
Lass Dich nicht verarschen! Lass Dich nicht verarschen!
Lass Dich nicht verarschen! Lass Dich nicht verarschen!
Lass Dich nicht verarschen! Lass Dich nicht verarschen!
Lass Dich nicht verarschen! Lass Dich nicht verarschen!
Lass Dich nicht verarschen! Lass Dich nicht verarschen!
Lass Dich nicht verarschen! Lass Dich nicht verarschen!
Lass Dich nicht verarschen! Lass Dich nicht verarschen!
Lass Dich nicht verarschen! Lass Dich nicht verarschen!
Lass Dich nicht verarschen! Lass Dich nicht verarschen!
Lass Dich nicht verarschen! Lass Dich nicht verarschen!
Lass Dich nicht verarschen! Lass Dich nicht verarschen!
Lass Dich nicht verarschen! Lass Dich nicht verarschen!
Lass Dich nicht verarschen! Lass Dich nicht verarschen!
Lass Dich nicht verarschen! Lass Dich nicht verarschen!
Lass Dich nicht verarschen! Lass Dich nicht verarschen!
Lass Dich nicht verarschen! Lass Dich nicht verarschen!
Lass Dich nicht verarschen! Lass Dich nicht verarschen!
Lass Dich nicht verarschen! Lass Dich nicht verarschen!
Lass Dich nicht verarschen! Lass Dich nicht verarschen!
Lass Dich nicht verarschen! Lass Dich nicht verarschen!
Lass Dich nicht verarschen! Lass Dich nicht verarschen!
Lass Dich nicht verarschen! Lass Dich nicht verarschen!
Lass Dich nicht verarschen! Lass Dich nicht verarschen!
Lass Dich nicht verarschen! Lass Dich nicht verarschen!
Lass Dich nicht verarschen! Lass Dich nicht verarschen!
Lass Dich nicht verarschen! Lass Dich nicht verarschen!
Lass Dich nicht verarschen! Lass Dich nicht verarschen!
Lass Dich nicht verarschen! Lass Dich nicht verarschen!
Lass Dich nicht verarschen! Lass Dich nicht verarschen!
Lass Dich nicht verarschen! Lass Dich nicht verarschen!
Lass Dich nicht verarschen! Lass Dich nicht verarschen!
Lass Dich nicht verarschen! Lass Dich nicht verarschen!
Lass Dich nicht verarschen! Lass Dich nicht verarschen!
Lass Dich nicht verarschen! Lass Dich nicht verarschen!
Lass Dich nicht verarschen! Lass Dich nicht verarschen!

Lass Dich nicht verarschen! Lass Dich nicht verarschen!
Lass Dich nicht verarschen! Lass Dich nicht verarschen!
Lass Dich nicht verarschen! Lass Dich nicht verarschen!
Lass Dich nicht verarschen! Lass Dich nicht verarschen!
Lass Dich nicht verarschen! Lass Dich nicht verarschen!
Lass Dich nicht verarschen! Lass Dich nicht verarschen!
Lass Dich nicht verarschen! Lass Dich nicht verarschen!
Lass Dich nicht verarschen! Lass Dich nicht verarschen!
Lass Dich nicht verarschen! Lass Dich nicht verarschen!
Lass Dich nicht verarschen! Lass Dich nicht verarschen!
Lass Dich nicht verarschen! Lass Dich nicht verarschen!
Lass Dich nicht verarschen! Lass Dich nicht verarschen!
Lass Dich nicht verarschen! Lass Dich nicht verarschen!
Lass Dich nicht verarschen! Lass Dich nicht verarschen!
Lass Dich nicht verarschen! Lass Dich nicht verarschen!
Lass Dich nicht verarschen! Lass Dich nicht verarschen!
Lass Dich nicht verarschen! Lass Dich nicht verarschen!
Lass Dich nicht verarschen! Lass Dich nicht verarschen!
Lass Dich nicht verarschen! Lass Dich nicht verarschen!
Lass Dich nicht verarschen! Lass Dich nicht verarschen!
Lass Dich nicht verarschen! Lass Dich nicht verarschen!
Lass Dich nicht verarschen! Lass Dich nicht verarschen!
Lass Dich nicht verarschen! Lass Dich nicht verarschen!
Lass Dich nicht verarschen! Lass Dich nicht verarschen!
Lass Dich nicht verarschen! Lass Dich nicht verarschen!
Lass Dich nicht verarschen! Lass Dich nicht verarschen!
Lass Dich nicht verarschen! Lass Dich nicht verarschen!
Lass Dich nicht verarschen! Lass Dich nicht verarschen!
Lass Dich nicht verarschen! Lass Dich nicht verarschen!
Lass Dich nicht verarschen! Lass Dich nicht verarschen!
Lass Dich nicht verarschen! Lass Dich nicht verarschen!
Lass Dich nicht verarschen! Lass Dich nicht verarschen!
Lass Dich nicht verarschen! Lass Dich nicht verarschen!
Lass Dich nicht verarschen! Lass Dich nicht verarschen!
Lass Dich nicht verarschen! Lass Dich nicht verarschen!
Lass Dich nicht verarschen! Lass Dich nicht verarschen!

Lass Dich nicht verarschen! Lass Dich nicht verarschen!
Lass Dich nicht verarschen! Lass Dich nicht verarschen!
Lass Dich nicht verarschen! Lass Dich nicht verarschen!
Lass Dich nicht verarschen! Lass Dich nicht verarschen!
Lass Dich nicht verarschen! Lass Dich nicht verarschen!
Lass Dich nicht verarschen! Lass Dich nicht verarschen!
Lass Dich nicht verarschen! Lass Dich nicht verarschen!
Lass Dich nicht verarschen! Lass Dich nicht verarschen!
Lass Dich nicht verarschen! Lass Dich nicht verarschen!
Lass Dich nicht verarschen! Lass Dich nicht verarschen!
Lass Dich nicht verarschen! Lass Dich nicht verarschen!
Lass Dich nicht verarschen! Lass Dich nicht verarschen!
Lass Dich nicht verarschen! Lass Dich nicht verarschen!
Lass Dich nicht verarschen! Lass Dich nicht verarschen!
Lass Dich nicht verarschen! Lass Dich nicht verarschen!
Lass Dich nicht verarschen! Lass Dich nicht verarschen!
Lass Dich nicht verarschen! Lass Dich nicht verarschen!
Lass Dich nicht verarschen! Lass Dich nicht verarschen!
Lass Dich nicht verarschen! Lass Dich nicht verarschen!
Lass Dich nicht verarschen! Lass Dich nicht verarschen!
Lass Dich nicht verarschen! Lass Dich nicht verarschen!
Lass Dich nicht verarschen! Lass Dich nicht verarschen!
Lass Dich nicht verarschen! Lass Dich nicht verarschen!
Lass Dich nicht verarschen! Lass Dich nicht verarschen!
Lass Dich nicht verarschen! Lass Dich nicht verarschen!
Lass Dich nicht verarschen! Lass Dich nicht verarschen!
Lass Dich nicht verarschen! Lass Dich nicht verarschen!
Lass Dich nicht verarschen! Lass Dich nicht verarschen!
Lass Dich nicht verarschen! Lass Dich nicht verarschen!
Lass Dich nicht verarschen! Lass Dich nicht verarschen!
Lass Dich nicht verarschen! Lass Dich nicht verarschen!
Lass Dich nicht verarschen! Lass Dich nicht verarschen!
Lass Dich nicht verarschen! Lass Dich nicht verarschen!
Lass Dich nicht verarschen! Lass Dich nicht verarschen!
Lass Dich nicht verarschen! Lass Dich nicht verarschen!
Lass Dich nicht verarschen! Lass Dich nicht verarschen!

Lass Dich nicht verarschen! Lass Dich nicht verarschen!
Lass Dich nicht verarschen! Lass Dich nicht verarschen!
Lass Dich nicht verarschen! Lass Dich nicht verarschen!
Lass Dich nicht verarschen! Lass Dich nicht verarschen!
Lass Dich nicht verarschen! Lass Dich nicht verarschen!
Lass Dich nicht verarschen! Lass Dich nicht verarschen!
Lass Dich nicht verarschen! Lass Dich nicht verarschen!
Lass Dich nicht verarschen! Lass Dich nicht verarschen!
Lass Dich nicht verarschen! Lass Dich nicht verarschen!
Lass Dich nicht verarschen! Lass Dich nicht verarschen!
Lass Dich nicht verarschen! Lass Dich nicht verarschen!
Lass Dich nicht verarschen! Lass Dich nicht verarschen!
Lass Dich nicht verarschen! Lass Dich nicht verarschen!
Lass Dich nicht verarschen! Lass Dich nicht verarschen!
Lass Dich nicht verarschen! Lass Dich nicht verarschen!
Lass Dich nicht verarschen! Lass Dich nicht verarschen!
Lass Dich nicht verarschen! Lass Dich nicht verarschen!
Lass Dich nicht verarschen! Lass Dich nicht verarschen!
Lass Dich nicht verarschen! Lass Dich nicht verarschen!
Lass Dich nicht verarschen! Lass Dich nicht verarschen!
Lass Dich nicht verarschen! Lass Dich nicht verarschen!
Lass Dich nicht verarschen! Lass Dich nicht verarschen!
Lass Dich nicht verarschen! Lass Dich nicht verarschen!
Lass Dich nicht verarschen! Lass Dich nicht verarschen!
Lass Dich nicht verarschen! Lass Dich nicht verarschen!
Lass Dich nicht verarschen! Lass Dich nicht verarschen!
Lass Dich nicht verarschen! Lass Dich nicht verarschen!
Lass Dich nicht verarschen! Lass Dich nicht verarschen!
Lass Dich nicht verarschen! Lass Dich nicht verarschen!
Lass Dich nicht verarschen! Lass Dich nicht verarschen!
Lass Dich nicht verarschen! Lass Dich nicht verarschen!
Lass Dich nicht verarschen! Lass Dich nicht verarschen!
Lass Dich nicht verarschen! Lass Dich nicht verarschen!
Lass Dich nicht verarschen! Lass Dich nicht verarschen!
Lass Dich nicht verarschen! Lass Dich nicht verarschen!
Lass Dich nicht verarschen! Lass Dich nicht verarschen!

Lass Dich nicht verarschen! Lass Dich nicht verarschen!
Lass Dich nicht verarschen! Lass Dich nicht verarschen!
Lass Dich nicht verarschen! Lass Dich nicht verarschen!
Lass Dich nicht verarschen! Lass Dich nicht verarschen!
Lass Dich nicht verarschen! Lass Dich nicht verarschen!
Lass Dich nicht verarschen! Lass Dich nicht verarschen!
Lass Dich nicht verarschen! Lass Dich nicht verarschen!
Lass Dich nicht verarschen! Lass Dich nicht verarschen!
Lass Dich nicht verarschen! Lass Dich nicht verarschen!
Lass Dich nicht verarschen! Lass Dich nicht verarschen!
Lass Dich nicht verarschen! Lass Dich nicht verarschen!
Lass Dich nicht verarschen! Lass Dich nicht verarschen!
Lass Dich nicht verarschen! Lass Dich nicht verarschen!
Lass Dich nicht verarschen! Lass Dich nicht verarschen!
Lass Dich nicht verarschen! Lass Dich nicht verarschen!
Lass Dich nicht verarschen! Lass Dich nicht verarschen!
Lass Dich nicht verarschen! Lass Dich nicht verarschen!
Lass Dich nicht verarschen! Lass Dich nicht verarschen!
Lass Dich nicht verarschen! Lass Dich nicht verarschen!
Lass Dich nicht verarschen! Lass Dich nicht verarschen!
Lass Dich nicht verarschen! Lass Dich nicht verarschen!
Lass Dich nicht verarschen! Lass Dich nicht verarschen!
Lass Dich nicht verarschen! Lass Dich nicht verarschen!
Lass Dich nicht verarschen! Lass Dich nicht verarschen!
Lass Dich nicht verarschen! Lass Dich nicht verarschen!
Lass Dich nicht verarschen! Lass Dich nicht verarschen!
Lass Dich nicht verarschen! Lass Dich nicht verarschen!
Lass Dich nicht verarschen! Lass Dich nicht verarschen!
Lass Dich nicht verarschen! Lass Dich nicht verarschen!
Lass Dich nicht verarschen! Lass Dich nicht verarschen!
Lass Dich nicht verarschen! Lass Dich nicht verarschen!
Lass Dich nicht verarschen! Lass Dich nicht verarschen!
Lass Dich nicht verarschen! Lass Dich nicht verarschen!
Lass Dich nicht verarschen! Lass Dich nicht verarschen!
Lass Dich nicht verarschen! Lass Dich nicht verarschen!
Lass Dich nicht verarschen! Lass Dich nicht verarschen!

Lass Dich nicht verarschen! Lass Dich nicht verarschen!
Lass Dich nicht verarschen! Lass Dich nicht verarschen!
Lass Dich nicht verarschen! Lass Dich nicht verarschen!
Lass Dich nicht verarschen! Lass Dich nicht verarschen!
Lass Dich nicht verarschen! Lass Dich nicht verarschen!
Lass Dich nicht verarschen! Lass Dich nicht verarschen!
Lass Dich nicht verarschen! Lass Dich nicht verarschen!
Lass Dich nicht verarschen! Lass Dich nicht verarschen!
Lass Dich nicht verarschen! Lass Dich nicht verarschen!
Lass Dich nicht verarschen! Lass Dich nicht verarschen!
Lass Dich nicht verarschen! Lass Dich nicht verarschen!
Lass Dich nicht verarschen! Lass Dich nicht verarschen!
Lass Dich nicht verarschen! Lass Dich nicht verarschen!
Lass Dich nicht verarschen! Lass Dich nicht verarschen!
Lass Dich nicht verarschen! Lass Dich nicht verarschen!
Lass Dich nicht verarschen! Lass Dich nicht verarschen!
Lass Dich nicht verarschen! Lass Dich nicht verarschen!
Lass Dich nicht verarschen! Lass Dich nicht verarschen!
Lass Dich nicht verarschen! Lass Dich nicht verarschen!
Lass Dich nicht verarschen! Lass Dich nicht verarschen!
Lass Dich nicht verarschen! Lass Dich nicht verarschen!
Lass Dich nicht verarschen! Lass Dich nicht verarschen!
Lass Dich nicht verarschen! Lass Dich nicht verarschen!
Lass Dich nicht verarschen! Lass Dich nicht verarschen!
Lass Dich nicht verarschen! Lass Dich nicht verarschen!
Lass Dich nicht verarschen! Lass Dich nicht verarschen!
Lass Dich nicht verarschen! Lass Dich nicht verarschen!
Lass Dich nicht verarschen! Lass Dich nicht verarschen!
Lass Dich nicht verarschen! Lass Dich nicht verarschen!
Lass Dich nicht verarschen! Lass Dich nicht verarschen!
Lass Dich nicht verarschen! Lass Dich nicht verarschen!
Lass Dich nicht verarschen! Lass Dich nicht verarschen!
Lass Dich nicht verarschen! Lass Dich nicht verarschen!
Lass Dich nicht verarschen! Lass Dich nicht verarschen!

Lass Dich nicht verarschen! Lass Dich nicht verarschen!
Lass Dich nicht verarschen! Lass Dich nicht verarschen!
Lass Dich nicht verarschen! Lass Dich nicht verarschen!
Lass Dich nicht verarschen! Lass Dich nicht verarschen!
Lass Dich nicht verarschen! Lass Dich nicht verarschen!
Lass Dich nicht verarschen! Lass Dich nicht verarschen!
Lass Dich nicht verarschen! Lass Dich nicht verarschen!
Lass Dich nicht verarschen! Lass Dich nicht verarschen!
Lass Dich nicht verarschen! Lass Dich nicht verarschen!
Lass Dich nicht verarschen! Lass Dich nicht verarschen!
Lass Dich nicht verarschen! Lass Dich nicht verarschen!
Lass Dich nicht verarschen! Lass Dich nicht verarschen!
Lass Dich nicht verarschen! Lass Dich nicht verarschen!
Lass Dich nicht verarschen! Lass Dich nicht verarschen!
Lass Dich nicht verarschen! Lass Dich nicht verarschen!
Lass Dich nicht verarschen! Lass Dich nicht verarschen!
Lass Dich nicht verarschen! Lass Dich nicht verarschen!
Lass Dich nicht verarschen! Lass Dich nicht verarschen!
Lass Dich nicht verarschen! Lass Dich nicht verarschen!
Lass Dich nicht verarschen! Lass Dich nicht verarschen!
Lass Dich nicht verarschen! Lass Dich nicht verarschen!
Lass Dich nicht verarschen! Lass Dich nicht verarschen!
Lass Dich nicht verarschen! Lass Dich nicht verarschen!
Lass Dich nicht verarschen! Lass Dich nicht verarschen!
Lass Dich nicht verarschen! Lass Dich nicht verarschen!
Lass Dich nicht verarschen! Lass Dich nicht verarschen!
Lass Dich nicht verarschen! Lass Dich nicht verarschen!
Lass Dich nicht verarschen! Lass Dich nicht verarschen!
Lass Dich nicht verarschen! Lass Dich nicht verarschen!
Lass Dich nicht verarschen! Lass Dich nicht verarschen!
Lass Dich nicht verarschen! Lass Dich nicht verarschen!
Lass Dich nicht verarschen! Lass Dich nicht verarschen!
Lass Dich nicht verarschen! Lass Dich nicht verarschen!
Lass Dich nicht verarschen! Lass Dich nicht verarschen!
Lass Dich nicht verarschen! Lass Dich nicht verarschen!
Lass Dich nicht verarschen! Lass Dich nicht verarschen!
Lass Dich nicht verarschen! Lass Dich nicht verarschen!

Lass Dich nicht verarschen! Lass Dich nicht verarschen!
Lass Dich nicht verarschen! Lass Dich nicht verarschen!
Lass Dich nicht verarschen! Lass Dich nicht verarschen!
Lass Dich nicht verarschen! Lass Dich nicht verarschen!
Lass Dich nicht verarschen! Lass Dich nicht verarschen!
Lass Dich nicht verarschen! Lass Dich nicht verarschen!
Lass Dich nicht verarschen! Lass Dich nicht verarschen!
Lass Dich nicht verarschen! Lass Dich nicht verarschen!
Lass Dich nicht verarschen! Lass Dich nicht verarschen!
Lass Dich nicht verarschen! Lass Dich nicht verarschen!
Lass Dich nicht verarschen! Lass Dich nicht verarschen!
Lass Dich nicht verarschen! Lass Dich nicht verarschen!
Lass Dich nicht verarschen! Lass Dich nicht verarschen!
Lass Dich nicht verarschen! Lass Dich nicht verarschen!
Lass Dich nicht verarschen! Lass Dich nicht verarschen!
Lass Dich nicht verarschen! Lass Dich nicht verarschen!
Lass Dich nicht verarschen! Lass Dich nicht verarschen!
Lass Dich nicht verarschen! Lass Dich nicht verarschen!
Lass Dich nicht verarschen! Lass Dich nicht verarschen!
Lass Dich nicht verarschen! Lass Dich nicht verarschen!
Lass Dich nicht verarschen! Lass Dich nicht verarschen!
Lass Dich nicht verarschen! Lass Dich nicht verarschen!
Lass Dich nicht verarschen! Lass Dich nicht verarschen!
Lass Dich nicht verarschen! Lass Dich nicht verarschen!
Lass Dich nicht verarschen! Lass Dich nicht verarschen!
Lass Dich nicht verarschen! Lass Dich nicht verarschen!
Lass Dich nicht verarschen! Lass Dich nicht verarschen!
Lass Dich nicht verarschen! Lass Dich nicht verarschen!
Lass Dich nicht verarschen! Lass Dich nicht verarschen!
Lass Dich nicht verarschen! Lass Dich nicht verarschen!
Lass Dich nicht verarschen! Lass Dich nicht verarschen!
Lass Dich nicht verarschen! Lass Dich nicht verarschen!
Lass Dich nicht verarschen! Lass Dich nicht verarschen!
Lass Dich nicht verarschen! Lass Dich nicht verarschen!
Lass Dich nicht verarschen! Lass Dich nicht verarschen!
Lass Dich nicht verarschen! Lass Dich nicht verarschen!

Lass Dich nicht verarschen! Lass Dich nicht verarschen!
Lass Dich nicht verarschen! Lass Dich nicht verarschen!
Lass Dich nicht verarschen! Lass Dich nicht verarschen!
Lass Dich nicht verarschen! Lass Dich nicht verarschen!
Lass Dich nicht verarschen! Lass Dich nicht verarschen!
Lass Dich nicht verarschen! Lass Dich nicht verarschen!
Lass Dich nicht verarschen! Lass Dich nicht verarschen!
Lass Dich nicht verarschen! Lass Dich nicht verarschen!
Lass Dich nicht verarschen! Lass Dich nicht verarschen!
Lass Dich nicht verarschen! Lass Dich nicht verarschen!
Lass Dich nicht verarschen! Lass Dich nicht verarschen!
Lass Dich nicht verarschen! Lass Dich nicht verarschen!
Lass Dich nicht verarschen! Lass Dich nicht verarschen!
Lass Dich nicht verarschen! Lass Dich nicht verarschen!
Lass Dich nicht verarschen! Lass Dich nicht verarschen!
Lass Dich nicht verarschen! Lass Dich nicht verarschen!
Lass Dich nicht verarschen! Lass Dich nicht verarschen!
Lass Dich nicht verarschen! Lass Dich nicht verarschen!
Lass Dich nicht verarschen! Lass Dich nicht verarschen!
Lass Dich nicht verarschen! Lass Dich nicht verarschen!
Lass Dich nicht verarschen! Lass Dich nicht verarschen!
Lass Dich nicht verarschen! Lass Dich nicht verarschen!
Lass Dich nicht verarschen! Lass Dich nicht verarschen!
Lass Dich nicht verarschen! Lass Dich nicht verarschen!
Lass Dich nicht verarschen! Lass Dich nicht verarschen!
Lass Dich nicht verarschen! Lass Dich nicht verarschen!
Lass Dich nicht verarschen! Lass Dich nicht verarschen!
Lass Dich nicht verarschen! Lass Dich nicht verarschen!
Lass Dich nicht verarschen! Lass Dich nicht verarschen!
Lass Dich nicht verarschen! Lass Dich nicht verarschen!
Lass Dich nicht verarschen! Lass Dich nicht verarschen!
Lass Dich nicht verarschen! Lass Dich nicht verarschen!
Lass Dich nicht verarschen! Lass Dich nicht verarschen!
Lass Dich nicht verarschen! Lass Dich nicht verarschen!
Lass Dich nicht verarschen! Lass Dich nicht verarschen!
Lass Dich nicht verarschen! Lass Dich nicht verarschen!
Lass Dich nicht verarschen! Lass Dich nicht verarschen!

Lass Dich nicht verarschen! Lass Dich nicht verarschen!
Lass Dich nicht verarschen! Lass Dich nicht verarschen!
Lass Dich nicht verarschen! Lass Dich nicht verarschen!
Lass Dich nicht verarschen! Lass Dich nicht verarschen!
Lass Dich nicht verarschen! Lass Dich nicht verarschen!
Lass Dich nicht verarschen! Lass Dich nicht verarschen!
Lass Dich nicht verarschen! Lass Dich nicht verarschen!
Lass Dich nicht verarschen! Lass Dich nicht verarschen!
Lass Dich nicht verarschen! Lass Dich nicht verarschen!
Lass Dich nicht verarschen! Lass Dich nicht verarschen!
Lass Dich nicht verarschen! Lass Dich nicht verarschen!
Lass Dich nicht verarschen! Lass Dich nicht verarschen!
Lass Dich nicht verarschen! Lass Dich nicht verarschen!
Lass Dich nicht verarschen! Lass Dich nicht verarschen!
Lass Dich nicht verarschen! Lass Dich nicht verarschen!
Lass Dich nicht verarschen! Lass Dich nicht verarschen!
Lass Dich nicht verarschen! Lass Dich nicht verarschen!
Lass Dich nicht verarschen! Lass Dich nicht verarschen!
Lass Dich nicht verarschen! Lass Dich nicht verarschen!
Lass Dich nicht verarschen! Lass Dich nicht verarschen!
Lass Dich nicht verarschen! Lass Dich nicht verarschen!
Lass Dich nicht verarschen! Lass Dich nicht verarschen!
Lass Dich nicht verarschen! Lass Dich nicht verarschen!
Lass Dich nicht verarschen! Lass Dich nicht verarschen!
Lass Dich nicht verarschen! Lass Dich nicht verarschen!
Lass Dich nicht verarschen! Lass Dich nicht verarschen!
Lass Dich nicht verarschen! Lass Dich nicht verarschen!
Lass Dich nicht verarschen! Lass Dich nicht verarschen!
Lass Dich nicht verarschen! Lass Dich nicht verarschen!
Lass Dich nicht verarschen! Lass Dich nicht verarschen!
Lass Dich nicht verarschen! Lass Dich nicht verarschen!
Lass Dich nicht verarschen! Lass Dich nicht verarschen!
Lass Dich nicht verarschen! Lass Dich nicht verarschen!
Lass Dich nicht verarschen! Lass Dich nicht verarschen!

Lass Dich nicht verarschen! Lass Dich nicht verarschen!
Lass Dich nicht verarschen! Lass Dich nicht verarschen!
Lass Dich nicht verarschen! Lass Dich nicht verarschen!
Lass Dich nicht verarschen! Lass Dich nicht verarschen!
Lass Dich nicht verarschen! Lass Dich nicht verarschen!
Lass Dich nicht verarschen! Lass Dich nicht verarschen!
Lass Dich nicht verarschen! Lass Dich nicht verarschen!
Lass Dich nicht verarschen! Lass Dich nicht verarschen!
Lass Dich nicht verarschen! Lass Dich nicht verarschen!
Lass Dich nicht verarschen! Lass Dich nicht verarschen!
Lass Dich nicht verarschen! Lass Dich nicht verarschen!
Lass Dich nicht verarschen! Lass Dich nicht verarschen!
Lass Dich nicht verarschen! Lass Dich nicht verarschen!
Lass Dich nicht verarschen! Lass Dich nicht verarschen!
Lass Dich nicht verarschen! Lass Dich nicht verarschen!
Lass Dich nicht verarschen! Lass Dich nicht verarschen!
Lass Dich nicht verarschen! Lass Dich nicht verarschen!
Lass Dich nicht verarschen! Lass Dich nicht verarschen!
Lass Dich nicht verarschen! Lass Dich nicht verarschen!
Lass Dich nicht verarschen! Lass Dich nicht verarschen!
Lass Dich nicht verarschen! Lass Dich nicht verarschen!
Lass Dich nicht verarschen! Lass Dich nicht verarschen!
Lass Dich nicht verarschen! Lass Dich nicht verarschen!
Lass Dich nicht verarschen! Lass Dich nicht verarschen!
Lass Dich nicht verarschen! Lass Dich nicht verarschen!
Lass Dich nicht verarschen! Lass Dich nicht verarschen!
Lass Dich nicht verarschen! Lass Dich nicht verarschen!
Lass Dich nicht verarschen! Lass Dich nicht verarschen!
Lass Dich nicht verarschen! Lass Dich nicht verarschen!
Lass Dich nicht verarschen! Lass Dich nicht verarschen!
Lass Dich nicht verarschen! Lass Dich nicht verarschen!
Lass Dich nicht verarschen! Lass Dich nicht verarschen!
Lass Dich nicht verarschen! Lass Dich nicht verarschen!
Lass Dich nicht verarschen! Lass Dich nicht verarschen!
Lass Dich nicht verarschen! Lass Dich nicht verarschen!

Lass Dich nicht verarschen! Lass Dich nicht verarschen!
Lass Dich nicht verarschen! Lass Dich nicht verarschen!
Lass Dich nicht verarschen! Lass Dich nicht verarschen!
Lass Dich nicht verarschen! Lass Dich nicht verarschen!
Lass Dich nicht verarschen! Lass Dich nicht verarschen!
Lass Dich nicht verarschen! Lass Dich nicht verarschen!
Lass Dich nicht verarschen! Lass Dich nicht verarschen!
Lass Dich nicht verarschen! Lass Dich nicht verarschen!
Lass Dich nicht verarschen! Lass Dich nicht verarschen!
Lass Dich nicht verarschen! Lass Dich nicht verarschen!
Lass Dich nicht verarschen! Lass Dich nicht verarschen!
Lass Dich nicht verarschen! Lass Dich nicht verarschen!
Lass Dich nicht verarschen! Lass Dich nicht verarschen!
Lass Dich nicht verarschen! Lass Dich nicht verarschen!
Lass Dich nicht verarschen! Lass Dich nicht verarschen!
Lass Dich nicht verarschen! Lass Dich nicht verarschen!
Lass Dich nicht verarschen! Lass Dich nicht verarschen!
Lass Dich nicht verarschen! Lass Dich nicht verarschen!
Lass Dich nicht verarschen! Lass Dich nicht verarschen!
Lass Dich nicht verarschen! Lass Dich nicht verarschen!
Lass Dich nicht verarschen! Lass Dich nicht verarschen!
Lass Dich nicht verarschen! Lass Dich nicht verarschen!
Lass Dich nicht verarschen! Lass Dich nicht verarschen!
Lass Dich nicht verarschen! Lass Dich nicht verarschen!
Lass Dich nicht verarschen! Lass Dich nicht verarschen!
Lass Dich nicht verarschen! Lass Dich nicht verarschen!
Lass Dich nicht verarschen! Lass Dich nicht verarschen!
Lass Dich nicht verarschen! Lass Dich nicht verarschen!
Lass Dich nicht verarschen! Lass Dich nicht verarschen!
Lass Dich nicht verarschen! Lass Dich nicht verarschen!
Lass Dich nicht verarschen! Lass Dich nicht verarschen!
Lass Dich nicht verarschen! Lass Dich nicht verarschen!
Lass Dich nicht verarschen! Lass Dich nicht verarschen!
Lass Dich nicht verarschen! Lass Dich nicht verarschen!
Lass Dich nicht verarschen! Lass Dich nicht verarschen!

Lass Dich nicht verarschen! Lass Dich nicht verarschen!
Lass Dich nicht verarschen! Lass Dich nicht verarschen!
Lass Dich nicht verarschen! Lass Dich nicht verarschen!
Lass Dich nicht verarschen! Lass Dich nicht verarschen!
Lass Dich nicht verarschen! Lass Dich nicht verarschen!
Lass Dich nicht verarschen! Lass Dich nicht verarschen!
Lass Dich nicht verarschen! Lass Dich nicht verarschen!
Lass Dich nicht verarschen! Lass Dich nicht verarschen!
Lass Dich nicht verarschen! Lass Dich nicht verarschen!
Lass Dich nicht verarschen! Lass Dich nicht verarschen!
Lass Dich nicht verarschen! Lass Dich nicht verarschen!
Lass Dich nicht verarschen! Lass Dich nicht verarschen!
Lass Dich nicht verarschen! Lass Dich nicht verarschen!
Lass Dich nicht verarschen! Lass Dich nicht verarschen!
Lass Dich nicht verarschen! Lass Dich nicht verarschen!
Lass Dich nicht verarschen! Lass Dich nicht verarschen!
Lass Dich nicht verarschen! Lass Dich nicht verarschen!
Lass Dich nicht verarschen! Lass Dich nicht verarschen!
Lass Dich nicht verarschen! Lass Dich nicht verarschen!
Lass Dich nicht verarschen! Lass Dich nicht verarschen!
Lass Dich nicht verarschen! Lass Dich nicht verarschen!
Lass Dich nicht verarschen! Lass Dich nicht verarschen!
Lass Dich nicht verarschen! Lass Dich nicht verarschen!
Lass Dich nicht verarschen! Lass Dich nicht verarschen!
Lass Dich nicht verarschen! Lass Dich nicht verarschen!
Lass Dich nicht verarschen! Lass Dich nicht verarschen!
Lass Dich nicht verarschen! Lass Dich nicht verarschen!
Lass Dich nicht verarschen! Lass Dich nicht verarschen!
Lass Dich nicht verarschen! Lass Dich nicht verarschen!
Lass Dich nicht verarschen! Lass Dich nicht verarschen!
Lass Dich nicht verarschen! Lass Dich nicht verarschen!
Lass Dich nicht verarschen! Lass Dich nicht verarschen!
Lass Dich nicht verarschen! Lass Dich nicht verarschen!
Lass Dich nicht verarschen! Lass Dich nicht verarschen!

Lass Dich nicht verarschen! Lass Dich nicht verarschen!
Lass Dich nicht verarschen! Lass Dich nicht verarschen!
Lass Dich nicht verarschen! Lass Dich nicht verarschen!
Lass Dich nicht verarschen! Lass Dich nicht verarschen!
Lass Dich nicht verarschen! Lass Dich nicht verarschen!
Lass Dich nicht verarschen! Lass Dich nicht verarschen!
Lass Dich nicht verarschen! Lass Dich nicht verarschen!
Lass Dich nicht verarschen! Lass Dich nicht verarschen!
Lass Dich nicht verarschen! Lass Dich nicht verarschen!
Lass Dich nicht verarschen! Lass Dich nicht verarschen!
Lass Dich nicht verarschen! Lass Dich nicht verarschen!
Lass Dich nicht verarschen! Lass Dich nicht verarschen!
Lass Dich nicht verarschen! Lass Dich nicht verarschen!
Lass Dich nicht verarschen! Lass Dich nicht verarschen!
Lass Dich nicht verarschen! Lass Dich nicht verarschen!
Lass Dich nicht verarschen! Lass Dich nicht verarschen!
Lass Dich nicht verarschen! Lass Dich nicht verarschen!
Lass Dich nicht verarschen! Lass Dich nicht verarschen!
Lass Dich nicht verarschen! Lass Dich nicht verarschen!
Lass Dich nicht verarschen! Lass Dich nicht verarschen!
Lass Dich nicht verarschen! Lass Dich nicht verarschen!
Lass Dich nicht verarschen! Lass Dich nicht verarschen!
Lass Dich nicht verarschen! Lass Dich nicht verarschen!
Lass Dich nicht verarschen! Lass Dich nicht verarschen!
Lass Dich nicht verarschen! Lass Dich nicht verarschen!
Lass Dich nicht verarschen! Lass Dich nicht verarschen!
Lass Dich nicht verarschen! Lass Dich nicht verarschen!
Lass Dich nicht verarschen! Lass Dich nicht verarschen!
Lass Dich nicht verarschen! Lass Dich nicht verarschen!
Lass Dich nicht verarschen! Lass Dich nicht verarschen!
Lass Dich nicht verarschen! Lass Dich nicht verarschen!
Lass Dich nicht verarschen! Lass Dich nicht verarschen!
Lass Dich nicht verarschen! Lass Dich nicht verarschen!
Lass Dich nicht verarschen! Lass Dich nicht verarschen!
Lass Dich nicht verarschen! Lass Dich nicht verarschen!

Lass Dich nicht verarschen! Lass Dich nicht verarschen!
Lass Dich nicht verarschen! Lass Dich nicht verarschen!
Lass Dich nicht verarschen! Lass Dich nicht verarschen!
Lass Dich nicht verarschen! Lass Dich nicht verarschen!
Lass Dich nicht verarschen! Lass Dich nicht verarschen!
Lass Dich nicht verarschen! Lass Dich nicht verarschen!
Lass Dich nicht verarschen! Lass Dich nicht verarschen!
Lass Dich nicht verarschen! Lass Dich nicht verarschen!
Lass Dich nicht verarschen! Lass Dich nicht verarschen!
Lass Dich nicht verarschen! Lass Dich nicht verarschen!
Lass Dich nicht verarschen! Lass Dich nicht verarschen!
Lass Dich nicht verarschen! Lass Dich nicht verarschen!
Lass Dich nicht verarschen! Lass Dich nicht verarschen!
Lass Dich nicht verarschen! Lass Dich nicht verarschen!
Lass Dich nicht verarschen! Lass Dich nicht verarschen!
Lass Dich nicht verarschen! Lass Dich nicht verarschen!
Lass Dich nicht verarschen! Lass Dich nicht verarschen!
Lass Dich nicht verarschen! Lass Dich nicht verarschen!
Lass Dich nicht verarschen! Lass Dich nicht verarschen!
Lass Dich nicht verarschen! Lass Dich nicht verarschen!
Lass Dich nicht verarschen! Lass Dich nicht verarschen!
Lass Dich nicht verarschen! Lass Dich nicht verarschen!
Lass Dich nicht verarschen! Lass Dich nicht verarschen!
Lass Dich nicht verarschen! Lass Dich nicht verarschen!
Lass Dich nicht verarschen! Lass Dich nicht verarschen!
Lass Dich nicht verarschen! Lass Dich nicht verarschen!
Lass Dich nicht verarschen! Lass Dich nicht verarschen!
Lass Dich nicht verarschen! Lass Dich nicht verarschen!
Lass Dich nicht verarschen! Lass Dich nicht verarschen!
Lass Dich nicht verarschen! Lass Dich nicht verarschen!
Lass Dich nicht verarschen! Lass Dich nicht verarschen!
Lass Dich nicht verarschen! Lass Dich nicht verarschen!
Lass Dich nicht verarschen! Lass Dich nicht verarschen!
Lass Dich nicht verarschen! Lass Dich nicht verarschen!
Lass Dich nicht verarschen! Lass Dich nicht verarschen!
Lass Dich nicht verarschen! Lass Dich nicht verarschen!

Lass Dich nicht verarschen! Lass Dich nicht verarschen!
Lass Dich nicht verarschen! Lass Dich nicht verarschen!
Lass Dich nicht verarschen! Lass Dich nicht verarschen!
Lass Dich nicht verarschen! Lass Dich nicht verarschen!
Lass Dich nicht verarschen! Lass Dich nicht verarschen!
Lass Dich nicht verarschen! Lass Dich nicht verarschen!
Lass Dich nicht verarschen! Lass Dich nicht verarschen!
Lass Dich nicht verarschen! Lass Dich nicht verarschen!
Lass Dich nicht verarschen! Lass Dich nicht verarschen!
Lass Dich nicht verarschen! Lass Dich nicht verarschen!
Lass Dich nicht verarschen! Lass Dich nicht verarschen!
Lass Dich nicht verarschen! Lass Dich nicht verarschen!
Lass Dich nicht verarschen! Lass Dich nicht verarschen!
Lass Dich nicht verarschen! Lass Dich nicht verarschen!
Lass Dich nicht verarschen! Lass Dich nicht verarschen!
Lass Dich nicht verarschen! Lass Dich nicht verarschen!
Lass Dich nicht verarschen! Lass Dich nicht verarschen!
Lass Dich nicht verarschen! Lass Dich nicht verarschen!
Lass Dich nicht verarschen! Lass Dich nicht verarschen!
Lass Dich nicht verarschen! Lass Dich nicht verarschen!
Lass Dich nicht verarschen! Lass Dich nicht verarschen!
Lass Dich nicht verarschen! Lass Dich nicht verarschen!
Lass Dich nicht verarschen! Lass Dich nicht verarschen!
Lass Dich nicht verarschen! Lass Dich nicht verarschen!
Lass Dich nicht verarschen! Lass Dich nicht verarschen!
Lass Dich nicht verarschen! Lass Dich nicht verarschen!
Lass Dich nicht verarschen! Lass Dich nicht verarschen!
Lass Dich nicht verarschen! Lass Dich nicht verarschen!
Lass Dich nicht verarschen! Lass Dich nicht verarschen!
Lass Dich nicht verarschen! Lass Dich nicht verarschen!
Lass Dich nicht verarschen! Lass Dich nicht verarschen!
Lass Dich nicht verarschen! Lass Dich nicht verarschen!
Lass Dich nicht verarschen! Lass Dich nicht verarschen!

Lass Dich nicht verarschen! Lass Dich nicht verarschen!
Lass Dich nicht verarschen! Lass Dich nicht verarschen!
Lass Dich nicht verarschen! Lass Dich nicht verarschen!
Lass Dich nicht verarschen! Lass Dich nicht verarschen!
Lass Dich nicht verarschen! Lass Dich nicht verarschen!
Lass Dich nicht verarschen! Lass Dich nicht verarschen!
Lass Dich nicht verarschen! Lass Dich nicht verarschen!
Lass Dich nicht verarschen! Lass Dich nicht verarschen!
Lass Dich nicht verarschen! Lass Dich nicht verarschen!
Lass Dich nicht verarschen! Lass Dich nicht verarschen!
Lass Dich nicht verarschen! Lass Dich nicht verarschen!
Lass Dich nicht verarschen! Lass Dich nicht verarschen!
Lass Dich nicht verarschen! Lass Dich nicht verarschen!
Lass Dich nicht verarschen! Lass Dich nicht verarschen!
Lass Dich nicht verarschen! Lass Dich nicht verarschen!
Lass Dich nicht verarschen! Lass Dich nicht verarschen!
Lass Dich nicht verarschen! Lass Dich nicht verarschen!
Lass Dich nicht verarschen! Lass Dich nicht verarschen!
Lass Dich nicht verarschen! Lass Dich nicht verarschen!
Lass Dich nicht verarschen! Lass Dich nicht verarschen!
Lass Dich nicht verarschen! Lass Dich nicht verarschen!
Lass Dich nicht verarschen! Lass Dich nicht verarschen!
Lass Dich nicht verarschen! Lass Dich nicht verarschen!
Lass Dich nicht verarschen! Lass Dich nicht verarschen!
Lass Dich nicht verarschen! Lass Dich nicht verarschen!
Lass Dich nicht verarschen! Lass Dich nicht verarschen!
Lass Dich nicht verarschen! Lass Dich nicht verarschen!
Lass Dich nicht verarschen! Lass Dich nicht verarschen!
Lass Dich nicht verarschen! Lass Dich nicht verarschen!
Lass Dich nicht verarschen! Lass Dich nicht verarschen!
Lass Dich nicht verarschen! Lass Dich nicht verarschen!
Lass Dich nicht verarschen! Lass Dich nicht verarschen!
Lass Dich nicht verarschen! Lass Dich nicht verarschen!
Lass Dich nicht verarschen! Lass Dich nicht verarschen!
Lass Dich nicht verarschen! Lass Dich nicht verarschen!

Lass Dich nicht verarschen! Lass Dich nicht verarschen!
Lass Dich nicht verarschen! Lass Dich nicht verarschen!
Lass Dich nicht verarschen! Lass Dich nicht verarschen!
Lass Dich nicht verarschen! Lass Dich nicht verarschen!
Lass Dich nicht verarschen! Lass Dich nicht verarschen!
Lass Dich nicht verarschen! Lass Dich nicht verarschen!
Lass Dich nicht verarschen! Lass Dich nicht verarschen!
Lass Dich nicht verarschen! Lass Dich nicht verarschen!
Lass Dich nicht verarschen! Lass Dich nicht verarschen!
Lass Dich nicht verarschen! Lass Dich nicht verarschen!
Lass Dich nicht verarschen! Lass Dich nicht verarschen!
Lass Dich nicht verarschen! Lass Dich nicht verarschen!
Lass Dich nicht verarschen! Lass Dich nicht verarschen!
Lass Dich nicht verarschen! Lass Dich nicht verarschen!
Lass Dich nicht verarschen! Lass Dich nicht verarschen!
Lass Dich nicht verarschen! Lass Dich nicht verarschen!
Lass Dich nicht verarschen! Lass Dich nicht verarschen!
Lass Dich nicht verarschen! Lass Dich nicht verarschen!
Lass Dich nicht verarschen! Lass Dich nicht verarschen!
Lass Dich nicht verarschen! Lass Dich nicht verarschen!
Lass Dich nicht verarschen! Lass Dich nicht verarschen!
Lass Dich nicht verarschen! Lass Dich nicht verarschen!
Lass Dich nicht verarschen! Lass Dich nicht verarschen!
Lass Dich nicht verarschen! Lass Dich nicht verarschen!
Lass Dich nicht verarschen! Lass Dich nicht verarschen!
Lass Dich nicht verarschen! Lass Dich nicht verarschen!
Lass Dich nicht verarschen! Lass Dich nicht verarschen!
Lass Dich nicht verarschen! Lass Dich nicht verarschen!
Lass Dich nicht verarschen! Lass Dich nicht verarschen!
Lass Dich nicht verarschen! Lass Dich nicht verarschen!
Lass Dich nicht verarschen! Lass Dich nicht verarschen!
Lass Dich nicht verarschen! Lass Dich nicht verarschen!
Lass Dich nicht verarschen! Lass Dich nicht verarschen!
Lass Dich nicht verarschen! Lass Dich nicht verarschen!
Lass Dich nicht verarschen! Lass Dich nicht verarschen!

Lass Dich nicht verarschen! Lass Dich nicht verarschen!
Lass Dich nicht verarschen! Lass Dich nicht verarschen!
Lass Dich nicht verarschen! Lass Dich nicht verarschen!
Lass Dich nicht verarschen! Lass Dich nicht verarschen!
Lass Dich nicht verarschen! Lass Dich nicht verarschen!
Lass Dich nicht verarschen! Lass Dich nicht verarschen!
Lass Dich nicht verarschen! Lass Dich nicht verarschen!
Lass Dich nicht verarschen! Lass Dich nicht verarschen!
Lass Dich nicht verarschen! Lass Dich nicht verarschen!
Lass Dich nicht verarschen! Lass Dich nicht verarschen!
Lass Dich nicht verarschen! Lass Dich nicht verarschen!
Lass Dich nicht verarschen! Lass Dich nicht verarschen!
Lass Dich nicht verarschen! Lass Dich nicht verarschen!
Lass Dich nicht verarschen! Lass Dich nicht verarschen!
Lass Dich nicht verarschen! Lass Dich nicht verarschen!
Lass Dich nicht verarschen! Lass Dich nicht verarschen!
Lass Dich nicht verarschen! Lass Dich nicht verarschen!
Lass Dich nicht verarschen! Lass Dich nicht verarschen!
Lass Dich nicht verarschen! Lass Dich nicht verarschen!
Lass Dich nicht verarschen! Lass Dich nicht verarschen!
Lass Dich nicht verarschen! Lass Dich nicht verarschen!
Lass Dich nicht verarschen! Lass Dich nicht verarschen!
Lass Dich nicht verarschen! Lass Dich nicht verarschen!
Lass Dich nicht verarschen! Lass Dich nicht verarschen!
Lass Dich nicht verarschen! Lass Dich nicht verarschen!
Lass Dich nicht verarschen! Lass Dich nicht verarschen!
Lass Dich nicht verarschen! Lass Dich nicht verarschen!
Lass Dich nicht verarschen! Lass Dich nicht verarschen!
Lass Dich nicht verarschen! Lass Dich nicht verarschen!
Lass Dich nicht verarschen! Lass Dich nicht verarschen!
Lass Dich nicht verarschen! Lass Dich nicht verarschen!
Lass Dich nicht verarschen! Lass Dich nicht verarschen!
Lass Dich nicht verarschen! Lass Dich nicht verarschen!
Lass Dich nicht verarschen! Lass Dich nicht verarschen!
Lass Dich nicht verarschen! Lass Dich nicht verarschen!

Lass Dich nicht verarschen! Lass Dich nicht verarschen!
Lass Dich nicht verarschen! Lass Dich nicht verarschen!
Lass Dich nicht verarschen! Lass Dich nicht verarschen!
Lass Dich nicht verarschen! Lass Dich nicht verarschen!
Lass Dich nicht verarschen! Lass Dich nicht verarschen!
Lass Dich nicht verarschen! Lass Dich nicht verarschen!
Lass Dich nicht verarschen! Lass Dich nicht verarschen!
Lass Dich nicht verarschen! Lass Dich nicht verarschen!
Lass Dich nicht verarschen! Lass Dich nicht verarschen!
Lass Dich nicht verarschen! Lass Dich nicht verarschen!
Lass Dich nicht verarschen! Lass Dich nicht verarschen!
Lass Dich nicht verarschen! Lass Dich nicht verarschen!
Lass Dich nicht verarschen! Lass Dich nicht verarschen!
Lass Dich nicht verarschen! Lass Dich nicht verarschen!
Lass Dich nicht verarschen! Lass Dich nicht verarschen!
Lass Dich nicht verarschen! Lass Dich nicht verarschen!
Lass Dich nicht verarschen! Lass Dich nicht verarschen!
Lass Dich nicht verarschen! Lass Dich nicht verarschen!
Lass Dich nicht verarschen! Lass Dich nicht verarschen!
Lass Dich nicht verarschen! Lass Dich nicht verarschen!
Lass Dich nicht verarschen! Lass Dich nicht verarschen!
Lass Dich nicht verarschen! Lass Dich nicht verarschen!
Lass Dich nicht verarschen! Lass Dich nicht verarschen!
Lass Dich nicht verarschen! Lass Dich nicht verarschen!
Lass Dich nicht verarschen! Lass Dich nicht verarschen!
Lass Dich nicht verarschen! Lass Dich nicht verarschen!
Lass Dich nicht verarschen! Lass Dich nicht verarschen!
Lass Dich nicht verarschen! Lass Dich nicht verarschen!
Lass Dich nicht verarschen! Lass Dich nicht verarschen!
Lass Dich nicht verarschen! Lass Dich nicht verarschen!
Lass Dich nicht verarschen! Lass Dich nicht verarschen!
Lass Dich nicht verarschen! Lass Dich nicht verarschen!
Lass Dich nicht verarschen! Lass Dich nicht verarschen!
Lass Dich nicht verarschen! Lass Dich nicht verarschen!
Lass Dich nicht verarschen! Lass Dich nicht verarschen!

Lass Dich nicht verarschen! Lass Dich nicht verarschen!
Lass Dich nicht verarschen! Lass Dich nicht verarschen!
Lass Dich nicht verarschen! Lass Dich nicht verarschen!
Lass Dich nicht verarschen! Lass Dich nicht verarschen!
Lass Dich nicht verarschen! Lass Dich nicht verarschen!
Lass Dich nicht verarschen! Lass Dich nicht verarschen!
Lass Dich nicht verarschen! Lass Dich nicht verarschen!
Lass Dich nicht verarschen! Lass Dich nicht verarschen!
Lass Dich nicht verarschen! Lass Dich nicht verarschen!
Lass Dich nicht verarschen! Lass Dich nicht verarschen!
Lass Dich nicht verarschen! Lass Dich nicht verarschen!
Lass Dich nicht verarschen! Lass Dich nicht verarschen!
Lass Dich nicht verarschen! Lass Dich nicht verarschen!
Lass Dich nicht verarschen! Lass Dich nicht verarschen!
Lass Dich nicht verarschen! Lass Dich nicht verarschen!
Lass Dich nicht verarschen! Lass Dich nicht verarschen!
Lass Dich nicht verarschen! Lass Dich nicht verarschen!
Lass Dich nicht verarschen! Lass Dich nicht verarschen!
Lass Dich nicht verarschen! Lass Dich nicht verarschen!
Lass Dich nicht verarschen! Lass Dich nicht verarschen!
Lass Dich nicht verarschen! Lass Dich nicht verarschen!
Lass Dich nicht verarschen! Lass Dich nicht verarschen!
Lass Dich nicht verarschen! Lass Dich nicht verarschen!
Lass Dich nicht verarschen! Lass Dich nicht verarschen!
Lass Dich nicht verarschen! Lass Dich nicht verarschen!
Lass Dich nicht verarschen! Lass Dich nicht verarschen!
Lass Dich nicht verarschen! Lass Dich nicht verarschen!
Lass Dich nicht verarschen! Lass Dich nicht verarschen!
Lass Dich nicht verarschen! Lass Dich nicht verarschen!
Lass Dich nicht verarschen! Lass Dich nicht verarschen!
Lass Dich nicht verarschen! Lass Dich nicht verarschen!
Lass Dich nicht verarschen! Lass Dich nicht verarschen!
Lass Dich nicht verarschen! Lass Dich nicht verarschen!
Lass Dich nicht verarschen! Lass Dich nicht verarschen!
Lass Dich nicht verarschen! Lass Dich nicht verarschen!
Lass Dich nicht verarschen! Lass Dich nicht verarschen!

Lass Dich nicht verarschen! Lass Dich nicht verarschen!
Lass Dich nicht verarschen! Lass Dich nicht verarschen!
Lass Dich nicht verarschen! Lass Dich nicht verarschen!
Lass Dich nicht verarschen! Lass Dich nicht verarschen!
Lass Dich nicht verarschen! Lass Dich nicht verarschen!
Lass Dich nicht verarschen! Lass Dich nicht verarschen!
Lass Dich nicht verarschen! Lass Dich nicht verarschen!
Lass Dich nicht verarschen! Lass Dich nicht verarschen!
Lass Dich nicht verarschen! Lass Dich nicht verarschen!
Lass Dich nicht verarschen! Lass Dich nicht verarschen!
Lass Dich nicht verarschen! Lass Dich nicht verarschen!
Lass Dich nicht verarschen! Lass Dich nicht verarschen!
Lass Dich nicht verarschen! Lass Dich nicht verarschen!
Lass Dich nicht verarschen! Lass Dich nicht verarschen!
Lass Dich nicht verarschen! Lass Dich nicht verarschen!
Lass Dich nicht verarschen! Lass Dich nicht verarschen!
Lass Dich nicht verarschen! Lass Dich nicht verarschen!
Lass Dich nicht verarschen! Lass Dich nicht verarschen!
Lass Dich nicht verarschen! Lass Dich nicht verarschen!
Lass Dich nicht verarschen! Lass Dich nicht verarschen!
Lass Dich nicht verarschen! Lass Dich nicht verarschen!
Lass Dich nicht verarschen! Lass Dich nicht verarschen!
Lass Dich nicht verarschen! Lass Dich nicht verarschen!
Lass Dich nicht verarschen! Lass Dich nicht verarschen!
Lass Dich nicht verarschen! Lass Dich nicht verarschen!
Lass Dich nicht verarschen! Lass Dich nicht verarschen!
Lass Dich nicht verarschen! Lass Dich nicht verarschen!
Lass Dich nicht verarschen! Lass Dich nicht verarschen!
Lass Dich nicht verarschen! Lass Dich nicht verarschen!
Lass Dich nicht verarschen! Lass Dich nicht verarschen!
Lass Dich nicht verarschen! Lass Dich nicht verarschen!
Lass Dich nicht verarschen! Lass Dich nicht verarschen!
Lass Dich nicht verarschen! Lass Dich nicht verarschen!

Lass Dich nicht verarschen! Lass Dich nicht verarschen!
Lass Dich nicht verarschen! Lass Dich nicht verarschen!
Lass Dich nicht verarschen! Lass Dich nicht verarschen!
Lass Dich nicht verarschen! Lass Dich nicht verarschen!
Lass Dich nicht verarschen! Lass Dich nicht verarschen!
Lass Dich nicht verarschen! Lass Dich nicht verarschen!
Lass Dich nicht verarschen! Lass Dich nicht verarschen!
Lass Dich nicht verarschen! Lass Dich nicht verarschen!
Lass Dich nicht verarschen! Lass Dich nicht verarschen!
Lass Dich nicht verarschen! Lass Dich nicht verarschen!
Lass Dich nicht verarschen! Lass Dich nicht verarschen!
Lass Dich nicht verarschen! Lass Dich nicht verarschen!
Lass Dich nicht verarschen! Lass Dich nicht verarschen!
Lass Dich nicht verarschen! Lass Dich nicht verarschen!
Lass Dich nicht verarschen! Lass Dich nicht verarschen!
Lass Dich nicht verarschen! Lass Dich nicht verarschen!
Lass Dich nicht verarschen! Lass Dich nicht verarschen!
Lass Dich nicht verarschen! Lass Dich nicht verarschen!
Lass Dich nicht verarschen! Lass Dich nicht verarschen!
Lass Dich nicht verarschen! Lass Dich nicht verarschen!
Lass Dich nicht verarschen! Lass Dich nicht verarschen!
Lass Dich nicht verarschen! Lass Dich nicht verarschen!
Lass Dich nicht verarschen! Lass Dich nicht verarschen!
Lass Dich nicht verarschen! Lass Dich nicht verarschen!
Lass Dich nicht verarschen! Lass Dich nicht verarschen!
Lass Dich nicht verarschen! Lass Dich nicht verarschen!
Lass Dich nicht verarschen! Lass Dich nicht verarschen!
Lass Dich nicht verarschen! Lass Dich nicht verarschen!
Lass Dich nicht verarschen! Lass Dich nicht verarschen!
Lass Dich nicht verarschen! Lass Dich nicht verarschen!
Lass Dich nicht verarschen! Lass Dich nicht verarschen!
Lass Dich nicht verarschen! Lass Dich nicht verarschen!
Lass Dich nicht verarschen! Lass Dich nicht verarschen!
Lass Dich nicht verarschen! Lass Dich nicht verarschen!

Lass Dich nicht verarschen! Lass Dich nicht verarschen!
Lass Dich nicht verarschen! Lass Dich nicht verarschen!
Lass Dich nicht verarschen! Lass Dich nicht verarschen!
Lass Dich nicht verarschen! Lass Dich nicht verarschen!
Lass Dich nicht verarschen! Lass Dich nicht verarschen!
Lass Dich nicht verarschen! Lass Dich nicht verarschen!
Lass Dich nicht verarschen! Lass Dich nicht verarschen!
Lass Dich nicht verarschen! Lass Dich nicht verarschen!
Lass Dich nicht verarschen! Lass Dich nicht verarschen!
Lass Dich nicht verarschen! Lass Dich nicht verarschen!
Lass Dich nicht verarschen! Lass Dich nicht verarschen!
Lass Dich nicht verarschen! Lass Dich nicht verarschen!
Lass Dich nicht verarschen! Lass Dich nicht verarschen!
Lass Dich nicht verarschen! Lass Dich nicht verarschen!
Lass Dich nicht verarschen! Lass Dich nicht verarschen!
Lass Dich nicht verarschen! Lass Dich nicht verarschen!
Lass Dich nicht verarschen! Lass Dich nicht verarschen!
Lass Dich nicht verarschen! Lass Dich nicht verarschen!
Lass Dich nicht verarschen! Lass Dich nicht verarschen!
Lass Dich nicht verarschen! Lass Dich nicht verarschen!
Lass Dich nicht verarschen! Lass Dich nicht verarschen!
Lass Dich nicht verarschen! Lass Dich nicht verarschen!
Lass Dich nicht verarschen! Lass Dich nicht verarschen!
Lass Dich nicht verarschen! Lass Dich nicht verarschen!
Lass Dich nicht verarschen! Lass Dich nicht verarschen!
Lass Dich nicht verarschen! Lass Dich nicht verarschen!
Lass Dich nicht verarschen! Lass Dich nicht verarschen!
Lass Dich nicht verarschen! Lass Dich nicht verarschen!
Lass Dich nicht verarschen! Lass Dich nicht verarschen!
Lass Dich nicht verarschen! Lass Dich nicht verarschen!
Lass Dich nicht verarschen! Lass Dich nicht verarschen!
Lass Dich nicht verarschen! Lass Dich nicht verarschen!
Lass Dich nicht verarschen! Lass Dich nicht verarschen!
Lass Dich nicht verarschen! Lass Dich nicht verarschen!
Lass Dich nicht verarschen! Lass Dich nicht verarschen!
Lass Dich nicht verarschen! Lass Dich nicht verarschen!
Lass Dich nicht verarschen! Lass Dich nicht verarschen!
Lass Dich nicht verarschen! Lass Dich nicht verarschen!

Lass Dich nicht verarschen! Lass Dich nicht verarschen!
Lass Dich nicht verarschen! Lass Dich nicht verarschen!
Lass Dich nicht verarschen! Lass Dich nicht verarschen!
Lass Dich nicht verarschen! Lass Dich nicht verarschen!
Lass Dich nicht verarschen! Lass Dich nicht verarschen!
Lass Dich nicht verarschen! Lass Dich nicht verarschen!
Lass Dich nicht verarschen! Lass Dich nicht verarschen!
Lass Dich nicht verarschen! Lass Dich nicht verarschen!
Lass Dich nicht verarschen! Lass Dich nicht verarschen!
Lass Dich nicht verarschen! Lass Dich nicht verarschen!
Lass Dich nicht verarschen! Lass Dich nicht verarschen!
Lass Dich nicht verarschen! Lass Dich nicht verarschen!
Lass Dich nicht verarschen! Lass Dich nicht verarschen!
Lass Dich nicht verarschen! Lass Dich nicht verarschen!
Lass Dich nicht verarschen! Lass Dich nicht verarschen!
Lass Dich nicht verarschen! Lass Dich nicht verarschen!
Lass Dich nicht verarschen! Lass Dich nicht verarschen!
Lass Dich nicht verarschen! Lass Dich nicht verarschen!
Lass Dich nicht verarschen! Lass Dich nicht verarschen!
Lass Dich nicht verarschen! Lass Dich nicht verarschen!
Lass Dich nicht verarschen! Lass Dich nicht verarschen!
Lass Dich nicht verarschen! Lass Dich nicht verarschen!
Lass Dich nicht verarschen! Lass Dich nicht verarschen!
Lass Dich nicht verarschen! Lass Dich nicht verarschen!
Lass Dich nicht verarschen! Lass Dich nicht verarschen!
Lass Dich nicht verarschen! Lass Dich nicht verarschen!
Lass Dich nicht verarschen! Lass Dich nicht verarschen!
Lass Dich nicht verarschen! Lass Dich nicht verarschen!
Lass Dich nicht verarschen! Lass Dich nicht verarschen!
Lass Dich nicht verarschen! Lass Dich nicht verarschen!
Lass Dich nicht verarschen! Lass Dich nicht verarschen!
Lass Dich nicht verarschen! Lass Dich nicht verarschen!
Lass Dich nicht verarschen! Lass Dich nicht verarschen!
Lass Dich nicht verarschen! Lass Dich nicht verarschen!
Lass Dich nicht verarschen! Lass Dich nicht verarschen!

Lass Dich nicht verarschen! Lass Dich nicht verarschen!
Lass Dich nicht verarschen! Lass Dich nicht verarschen!
Lass Dich nicht verarschen! Lass Dich nicht verarschen!
Lass Dich nicht verarschen! Lass Dich nicht verarschen!
Lass Dich nicht verarschen! Lass Dich nicht verarschen!
Lass Dich nicht verarschen! Lass Dich nicht verarschen!
Lass Dich nicht verarschen! Lass Dich nicht verarschen!
Lass Dich nicht verarschen! Lass Dich nicht verarschen!
Lass Dich nicht verarschen! Lass Dich nicht verarschen!
Lass Dich nicht verarschen! Lass Dich nicht verarschen!
Lass Dich nicht verarschen! Lass Dich nicht verarschen!
Lass Dich nicht verarschen! Lass Dich nicht verarschen!
Lass Dich nicht verarschen! Lass Dich nicht verarschen!
Lass Dich nicht verarschen! Lass Dich nicht verarschen!
Lass Dich nicht verarschen! Lass Dich nicht verarschen!
Lass Dich nicht verarschen! Lass Dich nicht verarschen!
Lass Dich nicht verarschen! Lass Dich nicht verarschen!
Lass Dich nicht verarschen! Lass Dich nicht verarschen!
Lass Dich nicht verarschen! Lass Dich nicht verarschen!
Lass Dich nicht verarschen! Lass Dich nicht verarschen!
Lass Dich nicht verarschen! Lass Dich nicht verarschen!